Dios tambien usa a los débiles

Dr. C.J. Correa Bernier

FYI Publicaciones
San Diego, CA

Dr. C.J. Correa Bernier/FYI Publicaciones
2418 E Street
San Diego, CA 92102
www.fyipublicaciones.com

Nota editorial: Los nombres, personajes, lugares e incidentes mencionados son producto de las historias bíblicas seleccionadas. Las configuraciones regionales y los nombres públicos adicionales son utilizados, en la mayor parte de las ocasiones, con fines atmosféricos-históricos. Cualquier parecido con alguna otra persona, viva o muerta, o con empresas, organizaciones, eventos, instituciones o locales son una coincidencia.

Todos los textos bíblicos citados fueron tomados de la versión Nueva Traducción Viviente ©Tyndale

Dios también usa a los débiles / Dr. C.J. Correa Bernier. -- 1st ed.

ISBN 978-1-64871-024-7 | EBook: 978-1-64871-041-4

Tabla de Contenido

DEDICATORIA

A mis padres, quienes me contaron las historias que verdaderamente importan, y a los muchos hombres y mujeres de diferentes países, que me enseñaron a recordarlas. A los que no tienen miedo de ser sí mismos, quienes confían tanto en sus propias almas que se atreven a ponerse de pie para ser sustentados por el poder de su hermosa individualidad. A cada uno y una de ustedes, dedico esta humilde colección de reflexiones.

AGRADECIMIENTOS

AGRADEZCO A TODOS Y TODAS que, de una manera u otra, contribuyeron a mi educación teológica y a inculcar en mí el amor por las interpretación de las historias bíblicas. A Mariana Delgado, mi abuela materna quien a lo largo de su vida centenaria, demostró su amor y pasión por la poesía. A Eligia Hernández, Rafael Hernández, Roberto Morales y Carlos Ramírez, quienes con paciencia y dedicación me tomaron de la mano para guiarme a través de las historias redentoras que terminaron cambiando la manera como veo el mundo. A mi hermano del alma, Antonio Colón y a mi inolvidable amigo Héctor Gómez, los cómplices con quienes caminé mis primeros pasos hacia la interpretación crítica de las escrituras. Gracias por el compañerismo y profundo sentido de lealtad. A todas las audiencias, tanto locales, nacionales como internacionales, quienes compartieron conmigo momentos espirituales imposibles de duplicar.

Un profundo agradecimiento a mis editores, Eugenia Correa y Camilo Fernández Otálora quienes con pericia hicieron de mis palabras habladas una colección de reflexiones escritas. Gracias por su paciencia, objetividad y arte.

Mis más sinceros agradecimientos a mis profesores y mentores teológicos: Dr. Daniel Schipani, Dr. Herold Weiss, Dr. William Nelson, Dr. Justo González. A mi adorado mentor en el mundo de la homilética, Dr. Cecilio Arrastía, quien me enseñó a "entregarme al texto antes que el texto estuviera dispuesto a entregarse a mí". A mis profesores en la Universidad de Oxford, Reino Unido: Dr. John Morgan, Dr. Keith Ward, Dr. Edmund Newell, Dr. Robin Gibbons, Dr. Henry Wansbrough, Dr. Shaun C. Henson, quienes me enseñaron que es posible mantener el equilibrio saludable entre la crítica textual y la devoción.

Finalmente, agradezco la amistad, hospitalidad y guía de Leonardo Boff quien, a través de los años me ha enseñado a llevar a cabo no solo con palabras sino también con hechos en intimidad con Dios, la tradición de Jesús centrada en el servicio y compromiso solidario con la humanidad que sufre. Espero que cada una de las reflexiones incluidas en este pequeño libro hayan cumplido con la encomienda de compartir el mensaje de amor, misericordia y compasión que tanto me ha beneficiado a mí y a los míos.

INTRODUCCIÓN

NUNCA HE ESTADO EN TIERRA Santa, donde Jesús vivió, pero sí he caminado por las calles de la Jerusalén del primer siglo cientos de veces. Nunca he conocido a un personaje bíblico, pero sé que cuento con muchos de ellos y ellas como si fueran mis mejores amigos. Cuando, a través de la imaginación, tomo de la mano al texto bíblico, logro sentir al sol de Judea quemándome la piel. De la misma manera he saboreado la dulzura del agua extraída del pozo de Jacob, he escuchado la voz resonante de Juan el Bautista mientras proclama su mensaje en medio del desierto, me he encontrado sollozando al pie de la cruz, y me he regocijado al ser testigo de la tumba vacía.

A través de los años, y de manera muy personal, he descubierto que la Biblia es mucho más que un libro de palabras religiosas esparcidas a través de los siglos hasta terminar siendo parte de una colección de libros históricos o de pensamientos devocionales. Para mí, la Biblia es en esencia un poderoso mensaje que eleva la esperanza de redención para todos aquellos que sienten necesitarla. Esta dramática narrativa con siglos de antigüedad, contiene figuras de hombres y mujeres que representan todos los ámbitos de la vida, mostrando una inmensa diversidad de personalidades y cosmovisiones.

Uno de los grandes placeres de la exploración bíblica es la oportunidad de ponerse las sandalias de quienes forman parte del elenco de un mensaje divino intencionalmente transmitido, seres humanos comunes y corrientes con virtudes y defectos. Poder caminar por donde ellos caminaron, experimentar cada escena y circunstancias que vivieron, escuchar los sonidos que oyeron y degustar las comidas que probaron y los vinos que tomaron, es una experiencia como ninguna otra. Pero para lograrlo se necesita contar con una base espiritual capaz de proyectarnos más allá de los límites de nuestra diminuta cronología humana. Eso, precisamente, es lo que intento hacer a través de esta colección de reflexiones.

Cada una representa el contenido de diferentes conferencias teológicas que he impartido a través de los años. Desde mi punto de vista, ninguna de ellas podría ser calificada como una contribución única o extraordinaria. Lo que he querido hacer es decir en público lo que otras personas solo se atreven a decir en privado, incluyendo dudas, críticas y elogios a las instituciones religiosas. Por mi formación y entrenamiento, mis pensamientos son representativos de un terapeuta y teólogo caribeño que creció sobre el yunque de una familia religiosa y bajo el fuego de una religión inmisericorde que pretendía avergonzarme por ser tan humano como soy.

Lo que presento en este volumen no son sermones, son reflexiones. Por lo tanto, mi intensión al compartirlas no es hacer proselitismo o llevar a alguien a cambiar su manera de pensar. Lo que espero que suceda, mientras el lector considera el contenido de mi artesanía reflexiva, es que, con amor propio, se atreva a entrar en un proceso introspectivo a través del cual pueda encontrarse con su verdadero yo, incluyendo las áreas de su ser, desde las más robustas hasta las más vulnerables.

Dios también usa a los débiles, ese es el mensaje que pretendo compartir a través de cada una de las historias incluidas en este volumen. Que quede claro, lo que el lector tendrá ante su consideración no es un mensaje de explotación o manipulación divina dirigido a la sumisión involuntaria de marionetas humanas que están eternamente condenadas a cumplir los caprichos omnipotentes de su creador. Cuando me refiero al verbo "usar", lo hago desde una perspectiva artesanal antiquísima que requería el uso exclusivo de materiales extraordinarios, los que al final, no solo representaban la calidad de la artesanía sino también la dedicación, amor y entrega del artesano. Este volumen está compuesto por una serie de historias bíblicas a las que me he tomado el atrevimiento de dar un contexto moderno que nos permita ver a Dios como un artesano y a la raza humana como la materia prima para la creación de su más valiosa artesanía.

Para que la lectura surta el efecto deseado, quien lee deberá comprometerse a usar la imaginación mientras reflexiona sobre el privilegio que representa el poder revisitar estos temas y personajes históricos. Cada una de estas historias fueron presentadas ante grupos de estudiantes de teología o feligreses religiosos. En cada capítulo, el lector descubrirá expresiones íntimas surgidas del terreno fértil producido por la combinación de relatos bíblicos, hechos históricos, características y costumbres culturales y tendencias políticas, todos intercalados con pensamientos imaginativos que espero proporcionen a cada narrativa un conjunto de características dramáticas que logren ilustrar e iluminar algún tipo de verdad significativa.

Cada una de estas historias podría ayudarnos a mejorar la manera en la que exploramos la vida a medida que analizamos nuestras características y tendencias predilectas, así como las que no los son tanto. Utilizando como guía el modelo de Jesús, personaje central de este libro, descubriremos y redescubriremos los rasgos más recónditos de nuestra personalidad al mismo tiempo que visualizamos la importancia, ejemplo y mensajes incluidos en los personajes bíblicos que estaremos analizando. En el transcurso de la lectura, espero que logremos reflejarnos en ellos, tanto en nuestros mejores como en los peores momentos.

Los hombres y mujeres que han sido incluidos en las historias que presento al lector, siguen hablándonos y enriqueciéndonos hoy. Mi invitación es a escucharlos y a aprender de ellos. Que los conozcamos a lo largo de este viaje, el cual espero sea no solo revelador sino transformativo. Espero, además, que la vida del lector se vea tan enriquecida como la mía se ha visto a partir de estas reflexiones. Que logre descubrir que, aunque nunca hemos conocido a un personaje bíblico, podemos encontrar en sus historias un mensaje perdurable, y que lo único que tenemos que hacer es comprometernos con la verdad para llegar a ser quienes verdaderamente somos, pues solo así nos será revelado que Dios también usa a los débiles.

Dr. C.J. Correa Bernier
San Diego, Ca.
junio 2020

1 Enriqueciendo nuestras relaciones

ESTABAN DESNUDOS Y SIN VERGÜENZA. En ese momento, se les abrieron los ojos, y de pronto sintieron vergüenza por su desnudez. Entonces cosieron hojas de higuera para cubrirse. Y el Señor Dios hizo ropas de pieles de animales para Adán y su esposa.

(Génesis 2:25; 3:7; 3:21)

IUC | Tucson | Arizona

Se me ha encomendado hablar sobre las relaciones significativas tratando de responder dos preguntas: ¿Qué es una relación significativa?, y ¿por qué tenemos que relacionarnos?

Me he hecho ambas preguntas en muchas ocasiones a lo largo de la vida y, al conversar con otras personas, he notado que otros se han formulado preguntas similares.

La primera vez que me hice estas preguntas fue cuando un grupo de niños de mi barrio decidió rechazarme como miembro de su "corillo" o grupo de amigos. Con una crueldad única, me rodeaban con sus bicicletas para cantarme la canción de Oscar Mayer, pero con un mensaje diferente: "Yo no quisiera ser un tipo como Carlos, eso es lo que no quisiera ser, porque si yo fuera como Carlos, nadie me tendría que querer". Recuerdo lo devastador de aquellas palabras y cómo me hacían regresar a casa entristecido prometiéndome que jamás me relacionaría con gente como ellos. Pero, ¿qué es una relación?, ¿por qué tenemos que relacionarnos?

Más adelante, cuando estaba en la escuela intermedia, conocida como "Junior High School" en Estados Unidos o escuela secundaria en América Latina, mi identidad había sido definida por mi aprovechamiento académico pero, en realidad, lo que deseaba era ser músico. Queriendo hacer mi sueño realidad, le pedí a mi mamá que me comprara un bajo de $99 dólares para poder ser parte del grupo musical de la iglesia a la que asistía. Un día, el grupo se reunió sin mí y dictaminaron que no deseaban que yo siguiera siendo parte de la banda pues no contaba con las habilidades musicales que ellos creían necesarias. Una vez más, regresé a casa, triste, repitiendo en mi cabeza las mismas preguntas: ¿Qué es una relación? ¿Por qué tenemos que relacionarnos?

Jamás olvidaré la primera vez que me enamoré, la chica que me gustaba me dijo que ella no estaba interesada en mí. Recuerdo, como si hubiera sido ayer, cuánto me dolió. Y un año después tuve que enfrentar la noticia de la muerte repentina de mi abuelo. ¿Qué es una relación? ¿Por qué tenemos que relacionarnos?

De igual forma, al estar ya casado, una noche mi esposa y yo dormimos por primera vez espalda contra espalda. ¿Usted sabe de lo que estoy hablando, no? Recuerdo la frialdad, la distancia y decepción que ambos vivimos. Entonces me volví a preguntar: ¿Qué es una relación? ¿Por qué tenemos que relacionarnos?

Recuerdo cómo muchas de mis supuestas amistades desaparecieron de nuestro círculo cercano cuando el matrimonio se estaba deshaciendo, como si mi ex esposa y yo sufriéramos de algún tipo de virus súper contagioso. Y recuerdo haberme hecho ambas preguntas cuando tuve que salir de Chicago, la ciudad donde había establecido amistades profundas, y mudarme a una ciudad que detestaba, inhóspita, abiertamente racista y sin diversidad cultural. Al llegar a esta otra ciudad me encontré pensando que ya no tenía la energía para comenzar de nuevo. ¿Qué es una relación? ¿Por qué tenemos que relacionarnos?

Así que, cuando hablo del tema de las relaciones significativas, no lo hago utilizando los resultados de un ejercicio cerebral simple o como el centro de un discurso teológico o sermón religioso. Cuando formulo tan importantes preguntas lo hago partiendo de mi propio peregrinaje, y estoy seguro de que ha sido parte del de ustedes también. Existe la posibilidad de que se encuentren hoy donde yo estuve, y estoy convencido de que algún día se encontrarán donde estoy hoy. Las experiencias humanas son cíclicas y universales, todos las experimentamos en diferentes momentos.

Quizás, como yo, ustedes han sido heridos, lastimados, fracturados y tratados como nadie merece ser tratado. Como yo, es posible que ustedes también lleven en el alma las marcas, cicatrices y angustias profundas que surgen como resultado de cargar el peso causado por los dolores relacionales a los que comúnmente estamos expuestos. Es por esta razón que concluí que si vamos a hablar de las relaciones significativas, lo primero que tenemos que hacer es tratar de entender qué es una relación y por qué no podemos evitar relacionarnos.

No hablo de las relaciones casuales, presentes en las interacciones con conocidos o socios de negocios. Tampoco me refiero al tipo de comunicación que deberíamos mantener con nuestros vecinos o compañeros de gimnasio. Cuando les hablo acerca de las relaciones significativas, hablo del tipo de relaciones que se distinguen por ser emocionalmente riesgosas, a veces atemorizantes y, en ocasiones, hasta vulnerables.

Para contestar ambas preguntas consideraré tres escenas bíblicas con las que espero podamos construir un álbum que nos ayude a encontrar las respuestas. Pero antes, creo que es importante saber la razón o razones por las que debemos arriesgarnos a ser parte de una relación significativa y qué características debe tener para ser una relación saludable.

En resumen, por qué buscamos volver a relacionarnos después de haber sido lastimados, decepcionados y hasta traicionados. ¿La respuesta? Porque para eso fuimos creados, es nuestra naturaleza.

Yo sé que la respuesta inicial es un tanto simple y no satisface al alma. Pero, para hacer honor a la verdad, tenemos que aceptar que no hay ninguna otra forma de describir la esencia y naturaleza de nuestra humanidad: somos seres gregarios, relacionales. Fuimos creados, o hemos evolucionado (depende de su perspectiva), en comunidad. Somos quienes somos en relación a alguien más. Es como si nos preguntáramos por qué los aviones vuelan, por qué las flores tienen aroma o por qué el sol calienta. Por que esa es su función, su naturaleza.

En ocasiones, cuando veo los aviones en desuso como decoración en algunos aeropuertos o parques, no he podido evitar pensar que el avión, incapacitado, perdió su esencia. No es normal que un avión no vuele, y cuando no lo hace pierde su "avionidad" (palabra inventada por mí). Así que, cuando, después de haber sido relacionalmente lastimados, nos prometemos que no lo volveremos a intentar, lo que estamos haciendo es poner en riesgo nuestra esencia, nuestra humanidad. Como muchos de ustedes, yo me lo he prometido: "No volveré a relacionarme jamás", solo para más adelante ver que me estoy relacionando pues no puedo evitar hacerlo. Esa es mi naturaleza. Como ustedes, soy un ser naturalmente relacional. No se trata de evitar las relaciones, más bien se trata de identificar y promover relaciones sanas. Hacia el final de esta reflexión les daré las 5 características de una relación saludable que pueden ser fácilmente integradas a nuestro perfil relacional. Pero primero veamos cómo es que somos seres naturalmente relacionales:

Escena número 1: Génesis 2:25.

Los primeros capítulos de la Biblia hablan de un Dios "creador", un ser sobrenatural y esencialmente relacional. Permítanme hacer un paréntesis para clarificar que estoy consciente de que no todos los que estamos aquí creemos exactamente lo mismo acerca de la Biblia como libro y texto sagrado. Sin embargo, les pido que por algunos minutos consideren el contenido de la historia que estamos proponiendo.

De acuerdo con la historia bíblica, Dios se tomó el tiempo necesario para establecer un lugar que es descrito como un lugar fantástico, hermoso, perfecto. Un resort como ningún otro. En éste, la historia añade, Dios creó a dos personas: un hombre y una mujer. Ya ubicados, Dios procedió a darles instrucciones con la expectativa de que lograran conectarse entre ellos. La historia parece asumir que la pareja contaba con las habilidades necesarias para lograr una conexión profunda. Al momento de detallar la calidad de la conexión de la pareja, la descripción no podría ser más categórica: "Estaban desnudos y sin vergüenza".

Cuando trabajaba en esta presentación pensé en ponerle como título: "Cómo desnudarse". Estoy seguro de que hubiera atraído a más personas de las que estamos aquí. De haber utilizado ese título, la grabación sería un best seller.

La clave del versículo está en la expresión: "sin vergüenza". Estaban desnudos sin sentir la más mínima vergüenza. Desnudos y sin preocupaciones. No se sentían mal por el tamaño de sus panzas, sus estrías o su celulitis. ¡Nada! No sentir vergüenza en medio de la desnudez significa que estaban emocionalmente completos, sin nada que tuvieran que esconder, puros, sin malicia, sin malas intenciones, sin asuntos inconclusos. ¡Inocentes! Como personas diáfanas, no había nada oculto dentro de lo que era evidente a simple vista.

Estaban físicamente desnudos, pero también lo estaban emocional, relacional y espiritualmente. Si ustedes se entregan a la narración por unos minutos, notarán cómo la historia se va entregando a ustedes, permitiéndoles sentir las maravillas de una desnudez integral. Fuimos creados, para estar desnudos.

Estos dos modelos de humanidad eran libres, seguros de sí mismos, se sentían significativos, sabían que eran importantes para alguien no por lo que veían sino por el contenido de su carácter. El hombre y la mujer de esta historia vivían plenamente en conexión con su sensualidad, conscientes de sus cuerpos y de la sexualidad que los definía. Para eso hemos sido creados. ¡Esa es nuestra naturaleza!

A medida que avanzamos en la historia, notamos que entre los capítulos 2 y 3 del Génesis, parece haber un interludio. Mientras la pareja vivía en armonía con Dios, todo parecía ir muy bien. Como parte del equilibrio relacional entre ellos estaba incluido el mantenerse en armonía con la fauna y la flora del entorno. La pareja es presentada como dos personas que vivían sin sospechas o temores el uno del otro. Ambos parecían moverse en la misma dirección. Sus actividades diarias, pensamientos y sentimientos estaban saludablemente sincronizados. Sin embargo, de repente y sin anuncio previo, la pareja exhibió un cambio en su actitud y en su toma de decisiones, produciendo una ruptura relacional entre ellos y el creador. El nuevo estado de consciencia es descrito de la siguiente manera: "Y sus ojos fueron abiertos y supieron que estaban desnudos y tomaron hojas de una higuera y se hicieron vestidos y delantales". Cuando la divinidad se les acercó para pedir cuentas de lo que había sucedido, en respuesta el hombre introdujo un término nunca antes considerado en la experiencia humana: "Te escuché y tuve miedo".

Todos sabemos lo que significa tener miedo. El miedo es, en ocasiones, la causa fundamental de las desconexiones internas, en otras es el resultado inevitable de las desconexiones que nos toman por sorpresa. No me refiero al pavor o asco que algunos le tienen a las cucarachas, ratones u otras fobias. Me refiero al estado emocional experimentado por la pareja después de haber cometido aquel histórico error.

El miedo parece haber sido resultado de este comportamiento. El texto nos ubica por primera vez ante el potencial autodestructivo de nuestras predilecciones. En las palabras de Adán visualizamos el terror que experimentó al no saber cómo reaccionaría Dios ante sus acciones. ¿Y qué hicieron Adán y Eva al momento de enfrentar su nuevo estado de conciencia y la incertidumbre ante las posibles consecuencias? Se protegieron: "Entonces cosieron hojas de higuera para cubrirse" (Génesis 3:7).

Estoy seguro de que ninguno de los que estamos aquí hemos intentado ocultar nuestros errores de manera artificial. Todos hemos enfrentado nuestras respectivas "metidas de pata" con valentía, asumiendo la debida responsabilidad por nuestros actos y decisiones (estoy siendo sarcástico, por si no se ha notado). Así, esta historia nos muestra una de las tendencias más primitivas de la naturaleza humana: cuando tenemos miedo, nos escondemos, nos refugiamos, aún cuando nuestro intento por hacerlo sea tan ridículo como el de la pareja, que intentó esconderse de Dios, su Creador.

Reflexionemos sobre las respuestas ofrecidas ante el interrogatorio divino: ninguno asumió responsabilidad, Adán terminó echándole la culpa a Dios y a su compañera, la misma que había llamado "carne de mi carne, hueso de mis huesos" (Génesis 2:23). Adán, parecía tener miedo de que Dios le pidiera que se quitara las hojas ridículas con las que se estaba cubriendo. Ante el terror del rechazo, decidió acusar a Eva, quien, decepcionada y confundida por la situación, ya había acusado a la serpiente, autora intelectual del error.

Esto es lo que sucede cuando el miedo y la sospecha definen el estado de nuestras relaciones: todo comienza a deteriorarse progresivamente hasta llegar a la desconexión. Y ante la desconexión emocional en una relación, nadie sale ileso, todos terminan pagando las consecuencias de la ruptura emocional. Este cuadro es la antítesis de lo que se nos había presentado al inicio de la historia.

En la primera escena vimos a la pareja desnuda y sin vergüenza: conectados. En la segunda escena encontramos a la misma pareja pero vestidos y con vergüenza: desconectados.

Evitemos irnos por la tangente tratando de racionalizar el contenido de la historia con la intensión de calificarla como real o como una simple fábula. Nos conviene recapacitar sobre la moraleja de la narrativa, pues cada uno de nosotros hemos sido, estamos siendo o algún día seremos, relacionalmente hablando, Adán o Eva, exhibiendo los mismos tipos de polaridades: la inocencia y seguridad contra la inmadurez y la imperfección. Y es precisamente la parte considerada como la más imperfecta y grotesca en nosotros la que solemos proteger utilizando diferentes tipos de coberturas. La diferencia entre los protagonistas del Génesis y nosotros está en el tipo de "hojas" con las que nos protegemos. Aunque hoy no utilizamos hojas de higuera para cubrirnos, sí utilizamos otro tipo de protectores que son mucho más difíciles de remover.

¿A qué me refiero con esto? Hablo de todo aquello con lo que cubrimos nuestras imperfecciones, errores, traumas o luchas internas. Todo lo que hacemos para que los demás no vean qué es lo que nos causa vergüenza o malestar emocional. Las maneras como evitamos exponer la totalidad de quienes somos pues le tememos a la reacción que otras personas podrían tener al entender nuestra realidad.

No me malinterpreten, la verdad es que no había nada malo con las hojas de higuera seleccionadas por la pareja para cubrirse. El único problema era que no habían sido diseñadas para utilizarse como vestidos o como mecanismos para restablecer las conexiones estropeadas. Las "hojas" que usamos hoy son más sofisticadas, pero las seguimos usando con las mismas intensiones: cubrir la polaridad que consideramos como la más débil o defectuosa en nosotros.

Permítanme darles unos cuantos ejemplos de las hojas más utilizadas hoy en día. El trabajo; muchos de los que estamos aquí somos expertos en la confección de coberturas, trajes de gala construidos con inmensas "hojas" de laboriosidad y provisión. ¿Hay algo malo con trabajar? Absolutamente, no. Es a través de nuestro trabajo que aseguramos el bienestar personal, el de nuestras familias, ciudades, estados y países. El trabajar es una actividad honrosa.

El problema con este atuendo construido a partir de "hojas de trabajo" es que, para muchos de nosotros, no importa lo que hagamos o cuánto produzcamos, nunca llegaremos a sentir que es suficiente. En el proceso de trabajar en exceso nos desconectamos de quienes verdaderamente somos hasta dejar de funcionar como seres humanos para transformarnos en haceres humanos. Y lo hacemos porque el trabajar en exceso tiende a hacernos sentir que somos buenos proveedores, que nos estamos sacrificando con un propósito claro en mente: el futuro de los nuestros. Y esta vestimenta es tan preciada que los que nos ven no pueden evitar admirar la excelencia y calidad de nuestro saco o vestido construidos con "hojas de productividad y laboriosidad". Se siente tan bien el material de esta cubierta que, desde muy temprano, comenzamos a vestir las inseguridades de nuestros hijos e hijas con el mismo material, elevando lo que hacen mientras minimizamos quienes son.

Otros construyen sus vestidos utilizando "hojas de las funciones y responsabilidades parentales". Para estas personas, todo gira alrededor de sus hijos. Estas son las personas que se esconden detrás de "hojas de ser papá y mamá" mientras ignoran el debacle relacional que enfrentan en su hogar y matrimonio. Detrás de los pequeños esconden el pavor que produce una relación marital o familiar sin contenido. En el proceso de las decepciones acumuladas, aprenden a "utilizar" a los niños como analgésicos o distracciones que los mantienen lejos de la verdad relacional que tarde o temprano tendrán que enfrentar.

Otros se cubren con ejercicios y la apariencia física. De esta manera evitan exponer la parte vulnerable que los define, la lucha continua y campal que enfrentan con su físico a través de los años.

Otros se toman el tiempo para tejer trajes y coberturas hechas con hojas de ser "súper buenas personas". Conocemos muchos de estos modelos. Hablo de quienes tienen el cuidado de hablar de manera políticamente correcta, de quienes son increíblemente gentiles, los que nunca se enojan y se distinguen por mantener una sonrisa en los labios. Mientras tanto, estas son las mismas personas que viven sintiéndose continuamente sacudidas por inseguridades y temores. Le tienen pavor a la posibilidad de ser abandonados por su temperamento. Estas son las personas que decidieron desde muy pequeños que el coraje y la ira no serían parte de su humanidad, sin tomar en consideración que el enojarnos es parte normal de la experiencia humana.

Estos modelos son algunas de las opciones de los vestidos y coberturas de hojas que utilizamos en la actualidad. Es a través de estas estrategias superficiales que mantenemos y ocultamos la desconexión entre nosotros y la gente a nuestro alrededor. Y es posible que muchos de ustedes estén pensando y concluyendo que nada de esto les aplica pero, si me lo permiten, quisiera decirles que la negación es uno de los modelos más comúnmente utilizados cuando deseamos desasociarnos de la realidad en la que vivimos. El fenómeno de la desconexión es uno paulatino e inconsciente.

De hecho, cuando comenzamos a utilizar estas cubiertas emocionales, lo hacemos como Adán y Eva lo hicieron: a escondidas. Y, ¿cuáles son los síntomas de estar viviendo a escondidas?

Primero, nos sentimos afectados por una soledad crónica. No estoy hablando de aislamiento, todos, en algún momento y a diferentes niveles, necesitamos de vez en cuando tiempo para nosotros, distanciarnos del bullicio y de la actividad, aislarnos para poder sincronizarnos con la totalidad de quienes somos y con lo que está sucediendo a nuestro alrededor. De lo que estoy hablando es de la soledad, esa realidad interna que en ocasiones nos perturba y tiende a perpetuar los sentimientos de desvalorización y abandono. Me refiero al profundo sentimiento de ausencia aun cuando, intelectualmente hablando, sabemos que estamos rodeados de gente que nos conoce y nos ama. Cuando hablo de la soledad, me refiero al más crónico y doloroso de todos los síntomas que las personas que están viviendo a escondidas sienten.

Otro síntoma es sentir que nadie nos entiende. Con esto me refiero a cuando nos sentimos como si fuéramos un fenómeno raro en medio del contexto que otros han definido como la "norma". Sentir que nadie nos entiende viene usualmente acompañado de una convicción que nos dice que si alguien nos entendiera, tampoco nos aceptaría, razón por la cual preferimos e insistimos en seguir viviendo relacionalmente a escondidas. Estas personas viven vidas emocionalmente extenuadas, pues se la pasan tratando de responder, sin éxito, a las expectativas que otros tienen de ellas.

Vivir emocional y espiritualmente a escondidas también lleva a las personas al aburrimiento, concluyendo que "no vale la pena seguir intentando relacionarse pues nada ha funcionado y nada va a funcionar". Están resignadas a vivir en sus rutinas triviales pues se mantienen a distancia de una posible "exposición pública" innecesaria.

A escondidas olvidamos cómo divertirnos, ignoramos lo innovador de nuestros talentos y carisma. A escondidas dejamos de mostrar la salud, la intensidad y las fantasías de nuestra sexualidad. Y como seres sexuales que viven su potencial sexual de manera oculta y restringida, terminamos rechazando el placer, la diversión, las travesuras que forman parte de una vida erótica.

Independientemente de cuál sea la razón y condiciones de nuestra espera a escondidas, nos mantenemos emocional y espiritualmente ocultos porque, en realidad, no sabemos lo que los demás harán si algún día se llegan a enterar de quienes realmente somos.

Primera escena: Desnudos y sin vergüenza, conectados (Génesis 2:25). Segunda escena: Escondidos y con miedo, desconectados (Génesis 3:7). La tercera y última escena es igualmente importante y esperanzadora: Vestidos y bien cuidados (Génesis 3:21).

Nuestra generación ha intentado regresar a un lugar similar al que escuchamos describir al inicio de esta historia. Lo hemos intentado a través de las drogas, el alcohol, el dinero y un largo etcétera. Sin embargo, jamás lograremos regresar, por más que lo intentemos, al estado de inocencia y pureza que un día disfrutamos.

La única manera en la que podríamos intentar acercarnos a una experiencia similar a la descrita en el Génesis es a través del establecimiento y mantenimiento de relaciones significativas que se distingan por ser relaciones saludables. Así que, permítanme compartirles cinco características que encontramos en la historia de Adán y Eva de lo que considero es una relación saludable.

Primera característica de una relación saludable: una de las partes inicia la interacción pero no invade el espacio de la otra persona.

Las relaciones saludables incluyen lo que en la terapia familiar identificamos como "fronteras o límites semipermeables". En los versículos que hemos estado analizando,

Dios es presentado como el personaje central de la historia. En la trama vemos cómo la divinidad inicia una relación con Adán y Eva caracterizada por la gentileza, la nobleza y la dignidad. En la interacción con ellos, Dios les da todas las instrucciones necesarias para que sean exitosos dentro de su contexto. A pesar de que la pareja no siguió las instrucciones encomendadas al pie de la letra (a pesar de estar conscientes de las consecuencias), vemos a un Dios que se acerca a Adán pidiendo que sea él mismo quien se ubique en su aquí y ahora: "Adán, ¿dónde estás?". Con esa pregunta Dios inicia, pero no invade.

La segunda característica de una relación saludable: se pregunta pero no se acusa. Notemos el contenido de la conversación que Dios sostuvo con Adán. Después de prestar atención a la explicación del hombre, Dios procedió a formular una pregunta de importancia: "¿Quién te dijo que estabas desnudo?". En la curiosidad de la divinidad, encontramos los fundamentos para la formulación de otras preguntas que serán determinantes a la hora de dirigir a la pareja hacia las acciones remediales más apropiadas. Dios preguntó, no acusó. En las relaciones saludables se pregunta, se investiga, no se acusa.

Tercera característica: se dice la verdad, no se niega la realidad. Después de las preguntas pertinentes, Dios le hizo saber a la pareja la verdad y las consecuencias de la situación, incluyendo la distribución de responsabilidades. De igual manera, les comunicó las condiciones de su nueva realidad. Para los que estamos interesados en el establecimiento y mantenimiento de relaciones saludables, la acción y actitud de Dios ante la pareja es sumamente importante: después de iniciar y no invadir, después de hacer preguntas y no acusar, Dios hizo honor a la verdad y no negó o trató de cambiar la nueva realidad de Adán y Eva.

Cuarta característica en una relación saludable: se responde a las necesidades de la otra persona, no se huye de ella.

Después de toda la sabiduría invertida en el diseño del jardín y de los humanos, y ante el aparente fracaso, la historia pudo haber puesto a Dios en una actitud muy diferente. Sin embargo, encontramos a un Dios que, en lugar de salir huyendo decepcionado por la actitud y comportamientos de los humanos, lo que hizo fue responder a las necesidades más inmediatas de Adán y Eva. Si Dios los hubiera abandonado, nosotros entenderíamos, pero por alguna razón se nos presenta al Creador participando en la solución a un problema que él no propició. En una relación saludable, ninguna de las personas involucradas huye al notar las debilidades de las demás personas, pues están conscientes de la colectividad de las debilidades en la naturaleza humana.

Por último, y como quinta característica de las relaciones saludables: las personas se protegen, no se exponen.

En Génesis 3:21 se presenta a Dios proveyendo protección para quienes acababan de decepcionarlo. Dios mismo notó que las hojas que Adán y Eva estaban usando no serían suficiente para protegerlos en su nueva condición. Para lo único que servían aquellas hojas era para esconder lo que había sucedido. Dios también sabía que ya no podrían andar desnudos como solían hacerlo. Así que, en lugar de dejarlos expuestos, les proveyó nuevos vestidos. En otras palabras, la historia nos enseña que el Ser Superior ayudó a la pareja a cubrirse y a identificar y definir lo que de ahora en adelante serían sus fronteras y límites. En una relación saludable, se nos permite establecer nuestros propios límites. Se nos permite decir no, no quiero hacer eso, o eso no me conviene, pues en la salud relacional a cada persona se le permite sentirse segura y nunca estar expuesta.

Permítame concluir con esto: para disfrutar de los principios relacionales que han sido compartidos en la historia de Adán y Eva, primero que nada tenemos que estar dispuestos a tomar el riesgo de relacionarnos. ¿Por qué? Porque para eso fuimos creados. ¿Cuáles son las relaciones que deberíamos anhelar? Las saludables. La historia relacional plasmada en los primeros tres capítulos de Génesis, escrita hace aproximadamente 3,400 años, nos ofrece un modelo excelente que podemos utilizar si es que estamos interesados en enriquecer nuestras relaciones.

2 Locura vs. Cordura

LA GENTE SALIÓ CORRIENDO PARA ver lo que había pasado. Pronto una multitud se juntó alrededor de Jesús, y todos vieron al hombre liberado de los demonios. Estaba sentado a los pies de Jesús, completamente vestido y en su sano juicio, y todos tuvieron miedo.

(Lucas 8:26-39)

Iglesia Bautista de Carolina | Carolina | P.R.

No puedo negar que tengo la tendencia a notar los elementos psicológicos en todo lo que leo y veo. El comportamiento humano me ha mantenido fascinado desde muy temprano en mi vida. Aunque no sabía cómo articularlo, siempre tuve interés por entender por qué somos como somos y por qué hacemos lo que hacemos.

Por ejemplo la capacidad que tiene el ser humano para vivir bajo constante tensión. Adaptarme al estrés fue algo natural para mí, aprendí a hacerlo a lo largo de todo mi desarrollo. El sistema en el que me crié me enseñó a estar tenso y estresado continuamente. Por esta razón, la historia que comparto con ustedes a continuación me suena tan familiar. Como verán, la historia está definida por la tensión y el estrés, las hipérboles y la ridiculez.

Hoy, que estoy más consciente de mis tendencias, puedo confesar que pasé años tratando de librarme del nerviosismo, el estrés, la tensión, los temores e inseguridades que me aquejaban. Necesitaba ser transformado pero, cómo lograrlo. Cómo transformar la manera en la que pienso, me relaciono, me alimento.

Al igual que millones de personas en los Estados Unidos, recurrí a los libros de autoayuda, solo para descubrir que los autores me decían todo lo que yo ya sabía, pero nunca mencionaban cómo solucionar el problema que me llevó a comprar el libro originalmente. Así que, en frustración, intenté la avenida religiosa. ¿Ustedes saben a lo que me refiero, no? El típico: "Tienes que buscar más a Dios"; "Tienes que ayunar y leer más la Biblia". Y, ¿saben qué? Lo hice, ¡sin resultado alguno! Cuando me atreví a reclamarle a mis pastores y a otros líderes religiosos la efectividad de sus recomendaciones, solo me decían lo que muchos escritores de autoayuda ya habían comentado: "Si no le funcionó es porque no siguió las instrucciones de manera adecuada". Entonces me repetían lo mismo: "Tienes que buscar más a Dios...". Al final, lo que tuve que hacer fue desarrollar las mejores habilidades de actuación posibles, llegué a ser mejor que Raúl Julia. Todo lo mío era una actuación, daba la apariencia de estar transformado mientras por dentro sentía cómo el estrés, la ansiedad y la tristeza me comían el alma.

Así que, basado en experiencias personales y otras profesionales que he acumulado a través de los años, me gustaría preguntarles: ¿Cómo sabemos cuando una persona ha sido integral y verdaderamente transformada? ¿Cómo saber que la transformación profesada por la persona es algo real y sustentable?

Durante uno de mis paseos a través de las historias bíblicas, me reencontré con una narrativa que podría ayudarnos a establecer parámetros concretos y objetivos a través de los cuales medir, de manera efectiva, los niveles de transformación real tanto en nosotros como en otras personas.

"Puedes identificarlos por su fruto, es decir, por la manera en la que se comportan", dice la Biblia (Mateo 7:16), y si algo trae consigo el sujeto que consideraremos hoy, son frutos. Hablo, nada más y nada menos, del hombre tradicionalmente conocido como: "El endemoniado Gadareno".

Si nunca han escuchado hablar de éste hombre, permítanme presentárselos utilizando el material que nos ofrece Lucas 8:26-39. Estos versículos presentan a este hombre como alguien "que no vestía vestido, ni estaba en casa, sino que vivía en los sepulcros". Pero antes de las especificaciones de esta introducción, el texto ya había pintado un cuadro más tétrico y atroz diciendo que este mismo hombre "tenía demonios de mucho tiempo".

La descripción existencial del sujeto es cruda. Lucas lo presenta como un individuo que experimentaba el embate constante de vientos y situaciones huracanadas que azotaban las diferentes áreas de su vida personal. La calidad de su vida social, cultural y comunitaria estaba siendo atropellada.

¿Qué les parece? Si yo no dijera nada más acerca de este hombre, ¿qué pensarían ustedes? El Gadareno estaba siendo dominado por una colección de demonios añejos que no podía controlar o desalojar de su cuerpo. Creo que sería muy difícil encontrar, a lo largo de la Biblia, incluso en el nuevo testamento, una estampa humana que sea más cruel y lamentable.

La historia nos habla de un hombre totalmente deshecho, que no resistía el contacto de la ropa sobre su cuerpo. Como si eso fuera poco, vivía en un cementerio, entre difuntos, un muerto sin enterrar viviendo entre muertos tres metros bajo tierra.

Social, mental y psicológicamente hablando, este hombre era un caso perdido. Desde una perspectiva psiquiátrica, podría ser un psicótico. Más que un loco, parecía ser una colección de locos, un hospital psiquiátrico ambulante, una colección de desórdenes mentales: "Me llamo Legión", insistía en decir cuando se le preguntaba su nombre.

Según el historiador griego Polibio, una legión era un grupo de soldados compuesto por aproximadamente 4,000 a 6,000 soldados. En las historias bíblicas, el término era utilizado para referirse al número de demonios o ángeles. Así que, al escuchar al Gadareno decir su nombre, concluimos que el protagonista de esta historia estaba poseído por más de cuatro mil demonios.

En el plano religioso, este hombre también estaba deshecho. Mientras Nicodemo se acercó a Jesús de manera protocolar; mientras el joven rico se acercó al Carpintero rodilla en tierra, en un gesto de adoración y respeto, el Gadareno se mostró inhóspito, repelente, alérgico a las buenas intensiones y atenciones por parte del Nazareno. Carecía del más elemental de los sentidos de corrección y cortesía. Pero, en un momento, la locura del Gadareno se vio confrontada por la cordura redentora de Jesús y al final del encuentro le devolvió al endemoniado de Gadara no sólo el juicio sino también su dignidad y su posición en la comunidad. Qué hermosa historia, ¿no?

Una vez expuesta la totalidad de la narrativa creo que sería un buen momento para formularnos las preguntas propuestas al inicio: ¿Cómo saber cuando alguien ha sido verdaderamente transformado? ¿Cómo poder ofrecer un testimonio fidedigno acerca de una transformación genuina? Creo que ambas preguntas son vitales e igualmente cautivadoras, además de necesarias. Digo esto porque, en la mayoría de ocasiones, nos equivocamos al hacer una evaluación de los que dicen haber cambiado de manera permanente.

Creo que el problema evaluativo radica en que damos un mayor énfasis a lo mecánico, a características equivocas o incorrectas. De hecho, creo que ese es el centro de la enseñanza que esta historia pretende comunicar, los errores que se cometen al momento de evaluar la veracidad de lo que observamos.

Esta historia nos provee con por lo menos tres maneras de evaluación que son totalmente equívocas pero muy comunes entre nosotros. No es que queramos ser crueles, exigentes o inhumanos al evaluar cuánto una persona ha cambiado, lo que deseamos dejar establecido es que "no todo lo que brilla es oro". Se trata de ser intencionales y objetivos al momento de medir los niveles de transformación en una persona.

Lucas nos presenta lo que, yo entiendo, fue una manera equívoca utilizada por los vecinos del Gadareno, y en muchas ocasiones por nosotros mismos, para evaluar el cambio en él: "Hallaron al hombre completamente vestido".

Creo que esta es una forma errónea y falsa para medir cuánto ha cambiado una persona: evaluar la transformación del individuo basándonos en la apariencia y la ropa que usa. Tendemos a pensar que el que una persona esté bien planchada y almidonada es suficiente motivo para otorgarle un certificado de transformación y cambio. Mi abuelita lo decía de manera muy clara: "El hábito no hace al monje". ¿Saben por qué? Porque "la mona, aunque se vista de seda, mona se queda". Los principios recitados en los dichos de mi abuela eran aplicables a su época, a la mía y a la de Jesús.

Parece que se nos olvida que cuellos acartonados y bien planchados en muchas ocasiones solo son coronas sobre corazones mal intencionados, frustrados y deshechos... Si fuera cierto que las apariencias externas son señales fehacientes de lo que ha sucedido en el interior de las personas, entonces los redentores del mundo serían Hugo Boss, Dolce & Gabbana y Carolina Herrera. Si el exterior de una persona fuera lo más importante en un proceso transformativo, entonces unas buenas tijeras, un buen corte de tela y una maquina de coser serían más que suficientes para cambiar al mundo entero.

Aunque el exterior es lo primero que vemos, no es suficiente. Si bien Jesús estuvo interesado en visitar y encontrar al Gadareno en su contexto y condición existencial, el impacto de su encuentro con él tenía que ir más allá de una vestimenta y postura apropiadas. ¿Qué diferencia hay entre un hombre despiadado bien vestido y uno desnudo? Que el vestido tiene mucho que perder y el desnudo no. Es la misma condición interna para ambos.

Continuando con su narrativa, Lucas menciona que los que salieron a investigar lo que estaba sucediendo se sorprendieron cuando "hallaron al hombre en su sano juicio".

Segundo error evaluativo: creer que una persona ha sido transformada por el simple hecho de que es capaz de hablar con sentido. Creo que aquí podemos insertar otros de los dichos favoritos de mi querida abuela, doña Mariana Delgado: "No son todos los que están, ni están todos los que son". Considero que concluir que una persona ha sido integralmente trasformada solo porque sabe que dos más dos son cuatro es un error.

¿Quién cree usted que estaba más loco, Don Quijote o Sancho Panza?

Yo veo más cordura en la aparente locura de Don Quijote que en la supuesta salud mental de Sancho Panza. Don Quijote fue capaz de casarse con un ideal, mientras Sancho se pasó la vida calculando. Y no importa cómo y dónde usted lo considere, en ocasiones existe la necesidad de regresar a ciertos tipos de locuras. Por ejemplo, creo que las iglesias deberían recobrar un poco de la locura del primer siglo, del arrojo misionero que los definía, del espíritu de renunciamiento y servicio que los guiaba y así dejar a un lado las tendencias modernas de los cálculos de personas con base en las ofrendas o diezmos que puedan producir. El culto a la personalidad de la iglesia contemporánea no habla de trasformación sino de estancamiento.

Las familias también necesitan regresar a las prácticas de antaño que ahora parecen "locuras": familias comiendo juntas, familias en las que los niños y las niñas son criados por los padres y no por la televisión o los juegos de video. Si fuéramos capaces de decir "te quiero, te amo" con la misma naturalidad que recitamos Juan 3:16, si sacáramos tiempo para nuestros hijos así como lo separamos para ir de compras o para ver nuestros deportes preferidos, ya hubiéramos dejado de producir adultos insatisfechos que a sus treinta años no saben de dónde vienen o a dónde van.

La tercera y última práctica evaluativa expuesta en la historia es la más peligrosa de todas: "Hallaron al hombre sentado, a los pies de Jesús". Este mecanismo de evaluación es muy peligroso pues asume que la pasividad, la contemplación y lo estático del individuo es suficiente para darle un certificado de total transformación.

El estar sentado a los pies de Jesús debería llevar a la persona a contemplar al hombre que no cuenta con los beneficios de una relación con la justicia, el amor y la aceptación. Jesús se negó a ser un personaje pasivo o estático en la vida de su gente y su comunidad. El mensaje de Jesús era uno de caminos, de movimiento, de encuentros continuos y solidaridad radical con el marginado y sufriente.

Después de identificar las maneras falsas en las que muchos evalúan la transformación de las personas, ¿cómo identificar a quienes han sido genuinamente transformadas? Busqué la respuesta en el Gadareno.

Al final de la historia nos encontramos con el Gadareno pidiéndole a Jesús que le permita ir con él. Al considerar la totalidad de la historia no debería sorprendernos que este hombre quisiera acompañar y trabajar con el que lo había emancipado, pues el estar con Jesús era la mejor manera de garantizar la continuidad de su emancipación. Sin embargo, ante la petición del beneficiario, Jesús fue firme en su respuesta: "No, regresa a tu familia y diles todo lo que Dios ha hecho por ti". Y termina el texto: "Entonces, el hombre fue por toda la ciudad proclamando las grandes cosas que Jesús había hecho por él".

Así que concluyamos diciendo esto: una persona verdaderamente transformada no tiene temor de exhibir los frutos de su transformación sino que, en confianza, está

dispuesta a cumplir con la misión que le fue encomendada y no es tímida en hacerle saber a los demás cómo ha
sido beneficiada por el amor y los sacrificios de otros. La
historia del Gadareno nos enseña y confirma que Dios te
encontrará dondequiera estés, para llevarte a donde él de-
sea que tú vayas.

3 El sentido de la vida

ME DIJE: «VAMOS, PROBEMOS LOS placeres. ¡Busquemos "las cosas buenas" de la vida!»; pero descubrí que eso también carecía de sentido. Entonces dije: «La risa es tonta. ¿De qué sirve andar en busca de placeres?». Después de pensarlo bien, decidí alegrarme con vino. Y mientras seguía buscando sabiduría, me aferré a la insensatez. Así traté de experimentar la única felicidad que la mayoría de la gente encuentra en su corto paso por este mundo. También traté de encontrar sentido a la vida edificándome enormes mansiones y plantando hermosos viñedos. Hice jardines y parques, y los llené con toda clase de árboles frutales. Construí represas para juntar agua con la cual regar todos mis huertos florecientes. Compré esclavos y esclavas, y otros nacieron en mi propiedad. También tuve enormes manadas y rebaños, más que cualquiera de los reyes que vivieron en Jerusalén antes que yo. Junté grandes cantidades de plata y de oro, el tesoro de muchos reyes y provincias. Contraté cantores estupendos, tanto hombres como mujeres, y tuve muchas concubinas hermosas. ¡Tuve todo lo que un hombre puede desear! De modo que me hice más poderoso que todos los que vivieron en Jerusalén antes que yo, y mi sabiduría nunca me falló. Todo lo que quise lo hice mío; no me negué ningún placer. Hasta descubrí que me daba gran satisfacción trabajar mucho, la recompensa de toda mi labor; pero al observar todo lo que había logrado con tanto esfuerzo, vi que nada tenía sentido; era como perseguir el viento. No había absolutamente nada que valiera la pena en ninguna parte. Entonces decidí comparar la sabiduría con la locura y la insensatez (porque, ¿quién puede hacer eso mejor que yo, que soy el rey). Pensé: «La sabiduría es mejor que la insensatez, así como la luz es mejor que la oscuridad. Pues el sabio puede ver hacia dónde va, pero el necio camina a oscuras». Sin embargo, me di cuenta de que el sabio y el necio tienen el mismo destino: los dos mueren. Así que me dije: «Ya que voy a terminar igual que el necio, ¿de qué vale toda mi sabiduría? ¡Nada de eso tiene sentido!». Pues tanto el sabio como el necio van a morir. Al sabio no se le recordará más que al necio. En los días futuros, ambos serán olvidados. Por lo tanto, llegué a odiar la vida, porque todo lo que se hace aquí, bajo el sol, es tan complicado. Nada tiene sentido, es como perseguir el viento. Llegué a odiar todo el trabajo que hice en este mundo porque tengo que dejarles a otros lo que yo he ganado. ¿Y quién sabe si mis sucesores serán sabios o necios? Sin embargo, ellos se van a apoderar de todo lo que yo he adquirido bajo el sol a través de mi destreza y esfuerzo. ¡Qué absurdo! Así que, desilusionado, me di por vencido y cuestioné el valor de todo mi duro trabajo en este mundo. Algunas personas trabajan con sabiduría, conocimiento y destreza, pero luego tienen que dejarle el fruto de su labor a alguien que no ha trabajado para conseguirlo. Eso tampoco tiene sentido, es una gran tragedia. Entonces, ¿qué gana la gente con tanto esfuerzo y preocupación en esta vida? Sus días de trabajo están llenos de dolor y angustia, ni siquiera de noche pueden descansar la mente. Nada tiene sentido. Entonces llegué a la conclusión de que no hay nada mejor que disfrutar de la comida y la bebida, y encontrar satisfacción en el trabajo. Luego me di cuenta de que esos placeres provienen de la mano de Dios. Pues, ¿quién puede comer o disfrutar de algo separado de él? Dios da sabiduría, conocimiento y alegría a quienes son de su agrado; pero si un pecador se enriquece, Dios le quita las riquezas y se las da a quienes le agradan. Eso tampoco tiene sentido, es como perseguir el viento.

(Eclesiastés 2:1-26)
IBB | Bucaramanga | Colombia

Se le preguntó al presidente Clinton cuál era para él la interrogante más significativa después de haber fungido como uno de los presidentes más productivos de la nación norteamericana. Su respuesta sorprendió al periodista que lo entrevistaba y al país entero: "Al final de todo", comentó Clinton, "¿cuál es el sentido de la vida?". Al leer esto, se me vino a la mente la campaña de mercadeo de la cadena de restaurantes de comida rápida Wendy's, una de las más exitosas en la historia de los Estados Unidos. La estrella en la secuencia de comerciales era una anciana de 80 años de edad y 4 pies (1.20 metros) de estatura, quien junto a otras dos mujeres de su misma edad iba a un local de hamburguesas. Una vez que recibían su orden, las tres ancianas veían la lechuga, identificaban el tomate y los pepinillos, la salsa y la mostaza pero, para sorpresa de las señoras, la hamburguesa no tenía carne. En medio de su asombro, la ancianita, estrella de la campaña, hacía una pregunta provocativa: Where's the beef?, "¿Dónde está la carne?". Con el pasar del tiempo la frase se convirtió en la expresión favorita para los que deseaban saber dónde estaba el sentido de algo o establecer dónde estaba el núcleo de un asunto.

Personalmente, pienso que la pregunta where's the beef? es apropiada al momento de querer saber dónde está el sentido de la vida: ¿por qué nacimos?, ¿para qué estamos aquí?, ¿hacia dónde vamos?

Esta serie de preguntas fue fundamental en una conversación que un padre tuvo con su hijo. El joven estaba a punto de concluir la educación básica y el padre tenía la esperanza de que su vástago decidiera continuar con la educación universitaria, así que quiso motivarlo: "Hijo, quería hablar contigo para motivarte a seguir estudiando y que, así, puedas hacerte de una buena profesión, conseguir un buen trabajo y, en su momento, puedas tener tu casa donde quieras vivir, comprarte el carro que quieras manejar, y usar el tipo de ropa que quieras vestir".

El hijo, interesado en lo que el padre le decía, quiso aclarar:

"Papá, déjame ver si entendí. Quieres que siga estudiando para que al final de mis estudios universitarios pueda tener una casa donde quiera vivir, comprarme el carro que quiera manejar, y usar el tipo de ropa que quiera vestir. ¿Eso es lo que me quieres decir?"

El padre, entusiasmado y sintiéndose orgulloso del hijo, contestó: "¡Exactamente!". Para luego escuchar a su hijo preguntarle:

"¿Para qué, papá? ¿Por qué tengo que sacrificarme tanto?"

Con paciencia, el padre intentó replantear su recomendación.

"Hijo mío, ya que has entrado a la vida adulta, quiero que aproveches que tu madre y yo aún podemos ayudarte para que sigas estudiando, para que al terminar la universidad puedas obtener un buen trabajo y así puedas tener todo lo que quieras. Para que puedas encontrar una pareja y puedas tener un lugar dónde vivir con ella y tener una vida familiar productiva."

"OK, papá, entonces quieres que estudie para que pueda hacerme de una profesión y pueda obtener un buen trabajo para que entonces pueda vivir donde quiera vivir, manejar lo que quiera manejar, comer lo que quiera comer y vestir lo que quiera vestir, y así lograr relacionarme con alguien y compartir el resto de mi vida exitosa con esa persona. ¿Correcto?"

Feliz, el papá le contestó: "Creo que ya me entendiste, hijo".

Ante lo que el chico insistió: "¿Para qué, papá? ¿Para qué pasar tanto trabajo? ¿Para qué tanto sacrificio y para qué compartir los beneficios de mis sacrificios con otra persona?".

Con menos paciencia, el padre le dijo: "Quiero que termines la escuela, vayas a la universidad, te hagas de un buen trabajo, te busques una buena mujer, tengas hijos para que juntos vivan donde quieran vivir, coman lo que quieran comer, vistan lo que quieran vestir y no sean una carga económica para la sociedad".

Exhausto, el hijo volvió a preguntar: "¿Para qué, papá?".

El padre respondió con un grito: "¡Lárgate a la escuela ahora mismo, termínala, vete a la universidad, búscate un trabajo para que no llegues a ser una carga para nadie, cásate, ten tus hijos y esfuérzate para que, cuando te mueras, tengas algo que dejarle a tu familia".

Y ese, en resumen, parece ser el ciclo de la vida: nacer, crecer, estudiar, trabajar, acumular y dejarle algo a alguien. Nunca he visto un carro fúnebre haciendo una mudanza o a alguien preguntando cuánto se llevó el difunto sino cuánto dejó. ¡Tiene que haber algo más en la vida que eso!

El error que hemos cometido es el haber intercambiado el sentido de la vida por los beneficios de la vida, y como los beneficios de la vida no pueden darle sentido a la vida, terminamos viviendo sin sentido. Esa es la razón por la cual hoy, cuando más ocupados parecemos estar, es cuando más aburridos nos sentimos, viviendo como si fuéramos controlados por el síndrome de lo mismo. Ustedes saben de lo que hablo: acostarnos en el mismo lado de la cama, para dormir en la misma posición, para levantarnos a la misma hora, para ir al mismo baño y mirarnos en el mismo espejo y ver la misma cara, usar el mismo cepillo y lavar los mismos dientes, sentarnos en la misma mesa, junto a la misma persona, para salir a la misma hora, de la misma casa, por la misma puerta y montarnos en el mismo carro y manejar la misma ruta y llegar al mismo trabajo y ver a las mismas personas para salir a la misma hora y manejar de regreso a través de la misma ruta, ir al mismo gimnasio y regresar a la misma casa, sentarnos en la misma silla, en la misma mesa, para comer la misma cena, junto a las mismas personas, ver los mismos programas, en la misma televisión, para acostarnos a la misma hora, en el mismo lado de la misma cama, en la misma posición para levantarnos a la misma hora y volver a hacer exactamente lo mismo una vez más.

¡Tiene que haber algo más en la vida que esto!

Las tiendas de Madison y Park Avenue conocen nuestras rutinas, es por eso que lo que compramos hoy, seguramente, será obsoleto mañana, llevándonos a querer obtener algo mejor de lo que ya tenemos. Muchos de ustedes creyeron que el matrimonio iba a ser la solución, pero cinco años más tarde no dejan de preguntarse, where's the beef? ¿Dónde está la carne? ¿Dónde está el sentido de todo?

La pregunta acerca del sentido de la vida tiene tanta importancia que se ha venido filosofando acerca de ella por miles de años. De hecho, la Biblia dedica todo un libro a tratar este tema: el libro de Eclesiastés.

Ahora, si deseamos educarnos en el sentido de la vida, creo que deberíamos considerar las opiniones de un "triunfador". Lo comento porque la mayoría de nosotros, seguramente, nos imaginamos la razón por la cual la vida parece no tener sentido para los fracasados. Pero cuando un triunfador habla, es importante prestar atención, y Salomón, el autor del libro de Eclesiastés, era un triunfador.

Primero que nada, Salomón tenía el mejor trabajo de su país: era el rey. Él era quien le decía a todo el mundo qué hacer y nadie tenía la autoridad de hacer lo mismo con él. De acuerdo con la opinión de los expertos, el equivalente salarial contemporáneo del Salomón es de 4.5 billones de dólares al año, aproximadamente. Nada mal.

Por ser el rey, Salomón contaba con un harem con 300 esposas y 700 concubinas. Por lo tanto, en el mundo de las relaciones, él parecía ser un triunfador, generando la envidia de todos los hombres de su época.

Intelectualmente hablando, Salomón era un triunfador. Las personas venían de tierras lejanas para escucharlo hablar. De acuerdo con la tradición, se dice que nunca, antes o después de él, hubo una persona que exhibiera una brillantez como la suya.

En la innovación gubernamental y urbanismo, Salomón era un triunfador. Se distinguió por la construcción de jardines y fuentes sin paragón en su mundo. En fin, Salomón era un triunfador que vivía en la opulencia y la admiración.

Pero, a pesar de todas sus riquezas, triunfos, mujeres y fama, cuando leemos sus reflexiones alcanzamos a distinguir una pregunta central en su libro: where's the beef? En algún momento, de alguna manera, Salomón parece haber perdido el sentido de la vida.

He enseñado la materia de homilética (la aplicación de los principios generales de la retórica a la predicación pública), en muchas ocasiones. Uno de los principios básicos de esta disciplina es el de establecer una conexión necesaria para el desarrollo del tema con la audiencia a través de la introducción del tema de la interlocución. Cuando leemos la introducción del discurso de Salomón, nos encontramos con un hombre en estado depresivo quien, en lugar de intentar capturar la atención de su audiencia, desanima a quienes le prestaban atención al decir: "Vanidad de vanidades, todo es vanidad". En otras palabras: no tengo mucho que decir.

Como muchos de nosotros, al sentir que su vida estaba perdiendo sentido, Salomón intentó retomar la dirección de su existencia a través de la implementación de una estrategia compuesta por tres áreas principales: las fiestas, la educación y el trabajo.

Cavilemos en torno a la manera en la que Salomón intentó recuperar el sentido de su vida a través de las fiestas en Eclesiastés 2:10.

La tesis de Salomón era una muy sencilla, "si llegara a ser lo suficientemente popular y dominara las escenas de los festejos y el buen tiempo, entonces, mi vida tendrá mucho más sentido". Lamentablemente, en su plan se le olvidó incluir la particularidad que establece que después de las fiestas él regresaría a estar a solas consigo mismo. Al final, notó que el contenido de las fiestas estaba basado en puras fantasías.

Creo entender a Salomón a la perfección. A mí me encantan los juegos de video, especialmente los que tienen que ver con deportes, tal vez porque nunca desarrollé ningún tipo de habilidad para estos. Por más sencillo que fuera, no podía jugar ningún deporte. Pero esa no es la realidad cuando se trata de videojuegos. En estos juegos cuento con la libertad de ser Michael Jordan. Cuando asumo la personalidad y las habilidades digitales de Jordan, soy invencible. En las dinámicas del juego de video, soy yo quien domina la totalidad del grupo. No importa cuánto corra, brinque o maniobre, soy incansable, óptimo, único, inmisericorde, dominante, airoso. En este tipo de juego el público me aplaude, se ponen en pie, gritan mi nombre ficticio y, como resultado, siento que estoy en el pináculo de la montaña.

Sin embargo, hay un momento en el que me deprimo: cuando tengo que apagar el aparato para regresar a la realidad de mi vida cotidiana. Aunque el juego tiene características de realidad, como en el caso de las fiestas de Salomón, no es nada más que algo temporal, no sustentable.

¡Tiene que haber algo más en la vida que las fantasías!

Al concluir que las fiestas no eran capaces de ofrecerle sentido a su vida, Salomón decidió aventurarse para tratar de encontrarlo a través de la educación.

Veamos lo que dice en Eclesiastés 2:14-16: "Pues el sabio puede ver hacia dónde va, pero el necio camina a oscuras. Sin embargo, me di cuenta de que el sabio y el necio tienen el mismo destino: los dos mueren. Así que me dije: «Ya que voy a terminar igual que el necio, ¿de qué vale toda mi sabiduría? ¡Nada de eso tiene sentido!». Pues tanto el sabio como el necio van a morir. Al sabio no se le recordará más que al necio. En los días futuros, ambos serán olvidados".

Esa tesis parecía indicar que Salomón estaba convencido de que el sentido de su vida podía ser capturado a través de la acumulación de diplomas y la retención del conocimiento. Pero, un momento, ¿acaso no era él el mismo que ya había sido reconocido como el hombre más inteligente de su época? En medio de su reflexión notó que entre el educado y el ignorante existía un denominador común: ¡la muerte! Así que no pudo evitar concluir que la educación tampoco podía ofrecerle el sentido que estaba buscando para su vida.

Tengo un buen amigo, Eddie Bheimi, quien es dueño de una funeraria. Además de ser el propietario del negocio, Eddie es también el embalsamador.

En ocasiones, en medio de nuestras conversaciones triviales, se me ha ocurrido preguntarle si no le atemoriza trabajar con los cuerpos de los difuntos, a lo que él siempre responde de la misma manera: "No, porque el muerto, muerto está. Más me atemoriza trabajar con los vivos".

Eddie me ha comentado que, en ocasiones, cuando está trabajando en la remoción de los fluidos del cuerpo humano y en la inyección de los químicos necesarios para el proceso, los cuerpos sin vida exhiben lo que él describe como "reacciones musculares" que llevan al cuerpo a efectuar ciertos movimientos con los dedos de las manos o pies. Incluso, si hay una reacción brusca, el cuerpo puede llegar a caerse de la camilla, lo que ocasionaría que hubiera dos cadáveres: el que cayó de la camilla y yo. Y le pregunto: "Eddie, ¿y eso no te incomoda, no te da miedo?". La respuesta sigue siendo la misma: "El muerto, muerto está".

Sabemos que los funerales de antaño eran muy diferentes a los de hoy. Cajas hechas de madera, anchas en la parte superior, más angostas en la parte inferior. Después de la muerte, debido a que no había maneras de cómo preservar el cuerpo por varios días, los entierros eran llevados a cabo d manera rápida. Camino al cementerio, las cajas eran transportadas en carretas tiradas por caballos, y al momento de la sepultura, cuatro personas bajaban la caja, sujetada por sogas, lentamente mientras intentaban sincronizar la velocidad y ángulo del descenso del féretro hasta llevarlo al fondo de la fosa.

Pero hoy los entierros no son así, hoy morimos con "estilo".

Primero, ya no usamos cajas rústicas. Hoy utilizamos ataúdes hechos de bronce, brillosos, esplendidos, costosos. Por años, fuimos "forzados" a dormir en la misma cama y sobre el mismo colchón, pero ya muertos, entonces nos acuestan en un ataúd acojinado y cubierto con lino y satín. Nunca en la vida dormimos sobre lino y satín, pero después de fallecidos nos acomodan en un trasporte único y con todos las comodidades del momento. Por décadas estuvimos usando el mismo saco cada vez que teníamos que asistir a algún evento u ocasión especiales de la familia ¿Pero después de muertos? Ahora todos en la familia se ofrecen y se ponen de acuerdo para comprarnos el último grito de la moda, incluyendo, en muchos casos, calcetines y zapatos de marca. Nuestro cabello, si aún lo tenemos, está perfectamente acomodado. A las mujeres las maquillan hermosamente... para serles totalmente franco, yo he visto personas verse mejor cuando muertos que cuando estaban vivos.

Pero ahí no termina el asunto. Aunque por años enfrentamos dificultades en encontrar a alguien que nos llevara a hacer nuestras diligencias, después de muertos terminamos con un chofer exclusivo quien se encarga de manejar la limosina sin quejas y sin prisa, tomándose su tiempo mientras lleva nuestros restos a nuestra última morada. Y somos tan importante que el vehículo lleva las luces encendidas. Además, contamos hasta con una escolta policiaca la que nos garantiza que no detendremos nuestro paso, independientemente, que tengamos que transitar a través de las intersecciones más ocupadas de nuestra ciudad. Reconociendo la importancia de nuestro viaje, el tráfico se detiene para vernos pasar.

Ya en el cementerio, ya no nos bajan hasta el fondo de la fosa sujetando nuestro ataúd con sogas reusadas, como solían hacerlo en el pasado. ¡No! Ahora utilizan maquinas hidráulicas que permiten que nuestros restos desciendan de manera lenta y segura, y mientras vamos bajando, nos lazan flores, mensajes, notas de amor y admiración. Les digo, morirse hoy en día hoy es todo un espectáculo.

Pero sabe qué, después de tanto lujo, después de tanta pompa, después de tantos estudios, diplomas y reconocimientos, el muerto, "muerto está".

¡Tiene que haber algo más en la vida que la educación!

No me mal interpreten, no estoy hablando en contra de la educación. La educación me ayudó a mí, a mis hermanos y a millones de personas alrededor del mundo a romper el ciclo de pobreza que tanto hizo sufrir a las generaciones pasadas. Pero la verdad es que ningún diploma, reconocimiento o logro, podrá ofrecerle a nuestra vida el sentido y significado que estamos buscando.

Por último, Salomón decidió buscar el sentido de su vida a través del trabajo. Eclesiastés 2:17-18: "Llegué a odiar todo el trabajo que hice en este mundo porque tengo que dejarles a otros lo que yo he ganado. ¿Y quién sabe si mis sucesores serán sabios o necios? Sin embargo, ellos se van a apoderar de todo lo que yo he adquirido bajo el sol a través de mi destreza y esfuerzo. ¡Qué absurdo!".

En esta ocasión, la tesis de Salomón parecía indicar que, si trabajaba lo suficiente y le proveía a su familia, entonces sería admirado por todos y su vida tendría sentido. Pero ya había quedado establecido que Salomón tenía el mejor trabajo de su país, ¡era el rey! Un día notó que no importaba cuánto trabajara o acumulara, otra persona saldría beneficiada de lo que él había logrado sin hacer el más mínimo esfuerzo y sin haber invertido un centavo.

Entiendo la reacción de Salomón. Por asuntos de trabajo, viajo entre 75 y 150 mil millas todos los años. Mis responsabilidades no me permiten estar en un lugar por más de dos semanas. Como podrán imaginar, con este ritmo de vida uno está siempre expuesto a lo inesperado, incluyendo, los accidentes. Pero eso no me preocupa. Si algo me sucediera, esperaría que mi pareja estuviera triste y desconsolada por unos cuatro o cinco años después de mi muerte. La idea de que ella vuelva a enamorarse no es un asunto que me moleste. Ahora, hay algo que sí me molestaría. Me molestaría que otra persona llegara a vivir en la casa que yo, con tanto trabajo y sacrificio, compré. O que alguien que nunca entendió mis motivaciones termine manejando el carro que yo pagué. Que alguien que no se ocupó de mantener una buena relación conmigo termine usando la ropa que yo seleccioné o que termine beneficiándose de las amistades sólidas que yo construí. Todo esto sin hacer el más mínimo esfuerzo.

Salomón terminó aceptando que, independientemente de su excelente trabajo y envidiable posición, nada de lo que hacía podía brindarle sentido a su vida. La verdad ineludible es que "nunca sabemos para quién trabajamos". Todo lo comprado y almacenado se quedará para el disfrute de otras personas. Tiene que haber algo más en la vida que el trabajo, ¡pero qué!

Si las fiestas, la educación y el trabajo son incapaces de ofrecerle a la vida el sentido que tanto esperamos, entonces, ¿a dónde tenemos que ir, qué tenemos que hacer, cómo debemos actuar para que nuestra vida, finalmente, tenga sentido?

Cuando nos damos a la tarea honesta de tratar de entender qué es lo que el sentido de la vida significa para nosotros, frecuentemente lo primero que hacemos es poner el énfasis de nuestra evaluación en todo lo concreto y lo perceptible, solo para después notar las inconsistencias que están presentes entre lo que tenemos y lo que esperábamos tener. Como Salomón, la mayoría de las personas terminan obteniendo lo que decían necesitar, solo para notar que aun en la abundancia sus vidas siguen careciendo de un sentido profundo y significativo. Sin consejos, soluciones o remedios, prefieren atrincherarse entre sus inconformidades mientras se niegan la oportunidad de compartir con otros el contenido de sus dolores y confusiones existenciales. Como Salomón, parecen estar viviendo atrapados en medio de un laberinto de desesperaciones personales, y aunque son capaces de tolerar lo que están sintiendo, nunca logran desarrollar la capacidad que necesitan para dominar las influencias de la impotencia salvaje que sienten arrastrar cada día.

Con Salomón se nos permite entender que la trampa más horrible en la vida de los seres humanos no son el éxito, la popularidad o el poder. No hay duda de que en estos tres yace el potencial de un catalítico nefasto que podría llevarnos a desarrollar una variedad de tentaciones incalculables. Sin embargo, la más seductora de todas nuestras tentaciones es la del autorechazo.

Esta comienza a germinar cuando prestamos atención y damos credibilidad a las voces que llevamos por dentro, las mismas que tienden a definirnos como personas inútiles, incapaces o fracasadas. En medio de la confusión creada por la insistencia de estas voces, los aspectos superficiales del éxito, de la popularidad y del poder, de momento vienen a ocupar el espacio disponible en los espejismos psicodélicos en los que, ahora, preferiremos vivir. Al hacer esto creeremos que al fin hemos encontrado el remedio que andábamos buscando. Si de casualidad alguien nos lastimara, criticara, rechazara o abandonara, nuestra tendencia más inmediata sería la de concluir que nuestras voces internas siempre tuvieron la razón.

La idea de que somos un fracaso solo puede sobrevivir en nuestra polaridad personal más oscura. Es allí donde la persona concluye que no es merecedora de la admiración, aceptación y cariño de otras personas. El autorechazo se nutre de estas percepciones, corroyendo, paulatinamente, el sentido de nuestra vida. Mientras la persona siga insistiendo en tratar de adquirir sentido para su vida a través de lo que hace, lo que tiene, o con base en lo que otras personas piensan de ella, nunca logrará definir claramente dónde o cuál es el sentido de la vida.

He concluido que, para poder entender cuál es el sentido de la vida, primero tenemos que ser pacientes. Con esto me refiero a permanecer quietos, aunque no inertes. Es vivir cada situación de vida al máximo, convencidos de que el crecimiento espiritual nunca concluye. Entonces lograremos capturar el sentido de nuestra vida, cuando finalmente aceptemos lo innegable de la interconectividad entre todo lo que somos, lo que hacemos y lo que queremos llegar a ser. Es aceptar la fluidez de la poesía viviente que somos, porque si no contáramos con la capacidad de saber qué es el silencio, nuestras palabras ya hubieran perdido significado. Si no sintiéramos esa necesidad de querer estar con otras personas, escucharlas, escuchar la música y demás sonidos que adornan nuestros encuentros con ellas, nuestras conversaciones ya hubieran perdido su efecto. Si no contáramos con la habilidad de distanciarnos, el poder acercarnos a alguien ya hubiera perdido su encanto.

Con Salomón aprendemos que el sentido de la vida no se da en el vacío, sino que tenemos que pensar en lo que queremos para luego salir a conquistar el sentido existencial que deseamos. Y una vez conquistado, vivirlo todos los días.

No es solo pensar en un nuevo sentido de vida sino saber vivir con un nuevo modelo de pensamientos.

4 Uno de nosotros está en problemas

ESE DOMINGO, AL ATARDECER, LOS DISCÍPULOS estaban reunidos con las puertas bien cerradas porque tenían miedo de los líderes judíos. De pronto, ¡Jesús estaba de pie en medio de ellos! «La paz sea con ustedes», dijo. Mientras hablaba, les mostró las heridas de sus manos y su costado. ¡Ellos se llenaron de alegría cuando vieron al Señor! Una vez más les dijo: «La paz sea con ustedes. Como el Padre me envió a mí, así yo los envío a ustedes». Entonces sopló sobre ellos y les dijo: «Reciban al Espíritu Santo. Si ustedes perdonan los pecados de alguien, esos pecados son perdonados; si ustedes no los perdonan, esos pecados no son perdonados». Tomás, uno de los doce discípulos (al que apodaban el Gemelo), no estaba con los otros cuando llegó Jesús. Ellos le contaron:

—¡Hemos visto al Señor!

Pero él respondió:

—No lo creeré a menos que vea las heridas de los clavos en sus manos, meta mis dedos en ellas y ponga mi mano dentro de la herida de su costado.

(Juan 20:19-31)

ACMI | Porto Alegre | Brasil

Ayúdenme a introducir el tema del día de hoy. Por favor, miren a la persona que está a su lado y díganle: "Uno de nosotros está en problemas". Otra vez, sin miedo: "Uno de nosotros está en problemas". Como practicantes de la fe cristiana, uno de nuestros impulsos primarios es mirar a Dios desde una perspectiva cultural y no desde una perspectiva sociopolítica. Pero, cuando analizamos la metodología de Jesús encontramos en él a un maestro que se distinguió por ser política y socialmente controversial. Por tres años, el hijo de María y José se dedicó a provocar la incomodidad de los líderes religiosos creando preocupación en Roma, la fuerza invasora. Por sí mismo, Jesús fue el productor, director y protagonista de su misión.

Políticamente, el protagonismo del Carpintero surgió en medio de una coyuntura histórica en la que Israel había sido reducida a una de las colonias del imperio más odiado de su época. Para Roma, lo más común era invadir y dominar territorios estratégicamente seleccionados. Junto con otras naciones y culturas, los romanos desarrollaron una pericia sin igual en todo lo relacionado con la explotación y la esclavitud de los más débiles. Roma sabía cómo imponer la presión de sus botas bélicas mientras absorbían, paulatinamente, otras sociedades e idiosincrasias. Como imperio, Roma había extendido sus tentáculos hasta los confines de la geografía más inmediata y accesible. Para ellos, Israel era solo un trofeo más. Conscientes de los grupos subversivos en Jerusalén, los romanos mantenían sus ojos imperialistas sobre los que, ocasionalmente, intentaban levantarse para tratar de hacer una realidad sus esperanzas libertadoras. En sus típicas respuestas, definidas por una crueldad imparable, Roma sabía cómo llevarlos de regreso a la realidad colonizada en la que vivían.

Mientras tanto, el proletariado judío se dedicaba a vivir centrado en ínfulas proféticas, las mismas que utilizaban para sostener sus sueños libertarios. Estos hombres y mujeres solían embriagarse diariamente con las palabras proféticas que garantizaban la llegada de un caudillo mesiánico quien, con poder y autoridad, se encargaría de devolverle a Israel la dignidad que le correspondía por ser "el pueblo del único Dios verdadero". Mientras esperaban, enfocaban su mirada en el horizonte de una esperanza compartida, tal y como lo habían hecho sus antepasados cuando vivieron como esclavos en Babilonia (Salmo 37). Como refuerzo a la promesa mesiánica, solían surgir figuras proféticas itinerantes, quienes con sus discursos y análisis escatológicos le recordaban al pueblo que la situación colonizada que estaban viviendo era un asunto temporal y nada más. Por su parte, Roma se había acostumbrado a ver a estos "profetas insignificantes" como individuos que llegaban y de repente desaparecían. A veces se esfumaban porque así lo habían decidido las autoridades romanas, otras veces porque así lo había planeado la clase religiosa que dominaba los ejercicios del judaísmo y el Templo.

Pero cuando Jesús apareció en medio del escenario histórico de Israel, todo fue diferente.

Además de ser masivo, el movimiento de Jesús se distinguió por ser uno impenetrable. Ni el miedo ni las amenazas, como tampoco el perfil de poderío, brutalidad y abusos de Roma, lograron mutilar la industria redentora del Nazareno. Por tres años consecutivos se vieron forzados a observar cómo miles de personas comentaban acerca del poderío que iba definiendo todo lo que Jesús hacía, se estaba transformando en una figura profética sin paralelo. Lo controversial en él era el dinamismo que proyectaba a través de sus mensajes de paz, amor y justicia. Mientras predicaba paz y amor para todas las personas que lo necesitaban, Jesús demandaba justicia para las prácticas de la fe judía, las que la clase sacerdotal de la época se había encargado de corromper y desfigurar. Por eso, al leer los evangelios, notamos que los romanos parecían mirar a Jesús con cautela y sarcasmo mientras los líderes religiosos no tenían la más mínima idea de qué hacer con él.

La controversia alrededor de Jesús estaba fundamentada en que no se dejaba guiar o controlar por los caprichos de la clase religiosa. Los sacerdotes judíos estaban muy conscientes de cuán afectada estaba la calidad de vida de los israelitas pero, en lugar de tratar de sanar las heridas propiciadas a su gente por medio de las opresiones del imperio romano, el clero se encargó de manipular la situación hasta crear una histeria religiosa colectiva. Como resultado, la gente terminó dentro de un dogma que era definido por la falta de tolerancia. Además, instituyeron una escala de hípersantidad que nadie podía satisfacer, creando así las condiciones perfectas para la producción de un ciclo de dependencia institucional enfermizo e interminable. Para cuando Jesús surgió con su ministerio, era prácticamente imposible allegarse a Dios a través de las estructuras del judaísmo. No porque la divinidad se hubiera distanciado del pueblo y de sus prácticas, sino porque la religión organizada se había encargado de construir un andamiaje religioso compuesto por reglas, doctrinas y expectativas que la misma clase religiosa era incapaz de observar y satisfacer.

A los diez mandamientos que, de acuerdo con la tradición judía, Dios mismo le entregó a Moisés, la jerarquía religiosa le había añadido cientos de comentarios y condiciones alternas. Habían interpretado y reinterpretado tanto los mandamientos originales que Jesús mismo tuvo que ignorar las aproximaciones institucionales y resumir la ley en dos mandamientos básicos: "Ama al Señor, tu Dios, con todo tu corazón, con toda tu alma y con toda tu mente. Este es el primer mandamiento y el más importante. Hay un segundo mandamiento que es igualmente importante: 'Ama a tu prójimo como a ti mismo'. Toda la ley y las exigencias de los profetas se basa en estos dos mandamientos" (Mateo 22:37-40).

Jesús no sólo resumió la ley sino que utilizó su propia sinopsis para modelar su trabajo diario. Por eso prefería juntarse con la gente que la religión denominaba como individuos indeseables. Al observarlo, nos encontramos con alguien que no tenía ningún problema dogmático en socializar con personas quienes, de acuerdo con los parámetros denominacionales, no eran nada más que trapos de inmundicia. Jesús fue intencional al decidir involucrarse con grupos que, para los sabios, no eran nada más que una manada de ignorantes.

Así que, al encontrarnos con Jesús, nos enfrentamos a un hombre controversial e inmensamente popular. Un hombre humilde, problemático para algunos, un sismo existencial para otros, pero esperanza, amor y aceptación para muchos. Los políticos trataban de hostigarlo, los religiosos no podían evitar odiarlo, los marginados, abusados y olvidados se satisfacían en amarlo y admirarlo. En su peregrinaje, Jesús nos muestra la complejidad que existe cuando creemos en nosotros mismos y en la misión que consideramos nos ha sido encomendada en la vida. Al observar su entrega y trayectoria vemos que estar bajo la gracia de Dios significa que estaremos fuera de la gracia de los humanos y que no hay manera de que podamos integrar ambas satisfactoriamente.

Muchos se acercaban a Jesús por su carisma y popularidad. Sus discípulos, al notar los beneficios marginales de ser sus seguidores, actuaban y hablaban como si se hubieran sacado la lotería. Pero el entusiasmo no duró mucho. Al llegar la hora de la verdad, todo se tergiversó dentro de ellos. Cuando notaron que la popularidad de su líder iba en descenso y la situación empeoraba, la mayor parte de ellos se desapareció. En su huida, abandonaron a Jesús como si él hubiera sido portador de la plaga bubónica. Aún los más parlanchines, los mismos que habían jurado que "estarían con él hasta la muerte", ahora brillaban por su ausencia. Ninguno de los que salieron corriendo como gallinas tomaron en consideración el estado anímico del Nazareno. Después de tantas promesas, después de la fluidez de tantos beneficios, ahora se dejaban ver tal y como realmente eran.

La historia cambió, la vida de muchos cambió así, de repente, en un segundo, por una palabra, por un beso, por un gesto.

Ver a Jesús abandonado y notar la soledad a la que fue expuesto debería ayudarnos a entender mejor las presiones y situaciones que, de manera inesperada, surgen en nuestra vida. El abandono del Carpintero debería ayudarnos a definir mejor las dinámicas en las que, en ciertos momentos, nos encontramos. En ocasiones, la soledad nos ayuda a despertar de muchos letargos, en otras, nos toma de la mano para llevarnos y luego abandonarnos en lo que parece ser el peor de nuestros infiernos. Pero, a pesar de ser una de las experiencias más odiadas y rechazadas, la soledad puede traer consigo un elemento existencial necesario.

Los discípulos parecían haberse sentido también abandonados, desamparados por quien les había dicho: "Yo soy la resurrección y la vida. El que cree en mí vivirá aun después de haber muerto" (Juan 11:25), el mismo que ahora estaba muerto. La soledad y los sentimientos de abandono y decepción los obligaron a confrontar la realidad del momento. Las esperanzas especulativas habían llegado a su fin. No más conversaciones futuristas en las que se dedicaran a discutir los supuestos cargos y posiciones que ocuparían en el reino. Todas esas tonterías concluyeron al verlo morir.

Algunos de ellos ayudaron a enterrar al difunto. Nada nuevo para ellos: un mensaje más, un profeta menos. Como en otras ocasiones, la esperanza ahora estaba vestida de luto. Cabizbajos y avergonzados, se ocultaron por miedo a los judíos. Todos sabían que la situación no había concluido con la muerte de Jesús. Ahora, los líderes religiosos andaban detrás de ellos para matarlos, necesitaban deshacer cualquier remanente que quedara del movimiento de Jesús. No era la primera vez que se escondían, ya habían enfrentado otro tipo luchas detrás de las puertas de sus casas. Y ahora, después de haber hecho el ridículo al dejar sus negocios y haber abandonado a sus familias, proyectos y posibilidades, con lo único que contaban era con una sentencia de muerte.

Pensemos en esto por un momento. Durante tres años estos hombres y mujeres creyeron que Jesús era el libertador que todos ellos habían estado esperando. No había duda, estaban seguros de su identidad mesiánica, razón por la cual habían dedicado tiempo para organizar el nuevo gobierno nacional.

Ahora, visualicemos y tratemos de percibir el terror que pudieron haber sentido. Ustedes y yo sabemos que si los líderes religiosos lograban encontrarlos pondrían todo su empeño en hacer de cada uno de los discípulos un ejemplo y así disuadir a cualquiera que pudiera estar pensando en retar el estatus quo del orden religioso judío. No creo que la descripción hecha por el texto haga justicia a lo que pudo estar pasando por la mente de cada uno de ellos o el estado emocional en el que se encontraban los seguidores de Jesús. Y en medio de aquel desastre, apareció Jesús con un mensaje de paz en los labios.

Lo primero que hizo Jesús al regresar de la muerte fue contradecir lo que las emociones del grupo dictaban en relación con lo que estaba sucediendo. Su presencia traía consigo no solo un mensaje de paz sino también uno de fe: "La fe es la confianza de que en verdad sucederá lo que esperamos; es lo que nos da la certeza sobre las cosas que no podemos ver" (Hebreos 11:1).

Con su presencia, Jesús desplazaba la parálisis que contaminaba el espíritu de aquella gente. Su mensaje parecía haber sido construido con la intensión de opacar la historia que asfixiaba a los que habían sido llamados para ser sus discípulos.

No podemos atribuir la llegada de Jesús a la fe de sus seguidores. Estos no estaban esperando que Jesús reapareciera entre ellos. Tampoco se conmovieron por su presencia ni por el mensaje de paz que trajo consigo. ¿Cómo lo sabemos? Observemos la reacción de los discípulos al escuchar el saludo: nadie se conmovió, nadie cambió de actitud hasta el momento en el que notaron las heridas en las manos y pies del recién resucitado. Al reconocerlo, todos se regocijaron. Todos excepto el discípulo que, por razones no explicadas, estaba ausente: Tomás.

Es un peligro no estar donde se supone que deberíamos estar en el momento en el que deberíamos estar. Tomás no estaba con el grupo para presenciar el regreso de Jesús. Cuando le comentaron lo que había sucedido, en lugar de reintegrarse a su comunidad para celebrar con ellos la resurrección de Jesús, Tomás se negó a creer.

Después de la resurrección, Jesús parecía tener prisa. De acuerdo con la tradición, Cristo solo contaba con tiempo limitado para compartir con los suyos el mensaje de la comisión. Pero aun bajo tales condiciones, y a pesar de que la mayoría del grupo ya lo había visto, Jesús decidió regresar a ellos después de ocho días para darle al único que no lo había visto la oportunidad de convertirse en un testigo más del milagro de la resurrección.

El regreso de Jesús, después de su reaparición original, parecía indicar que si uno de sus discípulos estaba en problemas, todos estaban en problemas. Esa es una verdad sistémica pues lo que afecta a uno, afecta a todos.

En hebreo, Tomás significa "gemelo". Esto no quiere decir que el discípulo tuviera un hermano gemelo sino que el equivalente de su nombre era el de la palabra "gemelo", el cual era utilizado como un apodo. Así que, al pensar en el título de esta presentación: "Uno de nosotros está en problemas", no estaba pensando en los discípulos de Jesús. Tampoco pensaba en ustedes. En realidad, y perdonen mi narcisismo, estaba pensando en mí, en mis polaridades, en mi gemelo.

Existe una gran diferencia entre quien aparento ser y quien en realidad soy. De hecho, ustedes no podrían entender el propósito u objetivo de esta reflexión a menos de que se atrevan a aceptar la posibilidad de que una parte de ustedes está aquí, sonriendo, levantando las manos o cantando mientras otra parte de ustedes, sus "gemelos", están ubicados en otra esfera vivencial, quizás evitando sentir angustia, pesando en lo que harán con algún problema que estén enfrentando o alguna otra cosa. De ser así, tendremos que aceptar que "uno de nosotros está en problemas".

Tomás no estaba entre los once porque estaba viviendo una lucha interna en la que una parte de él quería creer y serle fiel al mensaje que había escuchado de Jesús, mientras que la otra estaba tratando de darle sentido a todo lo que había sucedido.

La tradición debería pedirle perdón a Tomás por la mala fama que le ha hecho a través de los siglos, por haber asesinado su reputación. Personalmente, tengo que pedirle perdón a Tomás por haber creído la mentira de que era el más incrédulo de los discípulos, por no haber investigado la verdad, pues la Biblia nunca se refiere a él como incrédulo. Así que, una vez más, perdón a Tomás, el discípulo, por haber ayudado a instigar una percepción equívoca de él, por haber distorsionado su imagen y no haber entendido la esencia de sus acciones, su ministerio y haber juzgado su reacción tan humana.

La verdad es que Tomás creía tanto en Jesús que prefería morir a vivir sin su Maestro. Tomás fue el único apóstol que estuvo dispuesto a regresar a Betania con

Jesús después de la muerte de Lázaro, a pesar de saber que los judíos habían jurado matar a Jesús si regresaba a la ciudad: "Tomás, al que apodaban el Gemelo, les dijo a los otros discípulos: 'Vamos nosotros también, moriremos con Jesús'" (Juan 11:16).

Tomás actuó con más fe que Pedro. También actuó mejor que Judas. Tomás se ofreció para acompañar a Jesús y morir con él. La disposición de Tomás fue mucho mejor que la de todos los demás discípulos, quienes guardaron silencio ante los planes y peligros que Jesús enfrentaría en Betania.

Tomás no fue víctima de la incredulidad, fue presa del desánimo. Posiblemente se desanimó por lo mucho que había creído en Jesús. Pero, después de la crucifixión, Tomás se vio forzado a enfrentar la más grande de las contradicciones históricas.

En ciertas circunstancias, creer en algo o en alguien, duele. Otras veces, nos mete en problemas. Otras, nos aísla. Y, por qué no decirlo, a veces el creer no paga.

Que otros sigan criticando, ignorantes, la supuesta incredulidad de Tomás. Yo me voy a dedicar a admirarlo por su capacidad de decir la verdad en medio de la decepción. Admirarlo por no tener miedo a decir lo que estaba sintiendo y pensando mientras los demás se enfocaban en el testimonio hermoso de lo que había sucedido. Tomás evitó utilizar expresiones genéricas que estuvieran enchapadas con el lustre de la hipocresía, comúnmente utilizadas por los religiosos de la época. Tomás se ubicó en su realidad desde donde dijo: "No lo creeré a menos que vea las heridas de los clavos en sus manos, meta mis dedos en ellas y ponga mi mano dentro de la herida de su costado" (Juan 20:25).

Démosle crédito a Tomás por decir la verdad y por decir que estaba abierto a creer.

Yo lo admiro. Admiro a Tomás por haber sabido decir "no" a las metodologías religiosas. Lo admiro porque decidió enfrentarse a la situación con sus dos polaridades presentes. Con una de ellas no temió ser crudamente honesto e irreverente, mientras que con la otra estuvo dispuesto a ser parte de una audiencia personal con Jesús, aún cuando sabía que estaba "intentando poner a prueba" al mismísimo redentor.

Jesús no ha cambiado su método o misión. Él sigue interesado en el imperfecto, el desanimado, el mal entendido y mal interpretado que vive en ustedes y en mí.

Cuando Jesús regresó a sus discípulos, lo hizo para encontrarse con el que estaba en problemas consigo mismo. A su regreso, Jesús nos enseña que el cielo no se mueve porque creamos en Dios, pues de haber sido así, Tomás no lo hubiera vuelto a ver. En Jesús vemos que el cielo se mueve porque Dios cree en nosotros. Rescatar la fe de Tomás parece haber justificado el regreso del maestro. Jesús había invertido demasiado en él como para abandonarlo por haber hecho un testimonio público de su experiencia humana, de su capacidad de dudar.

La religión moderna tiende a poner él énfasis alrededor de nuestros "pecados" cuando nuestro mayor problema está en el desánimo. Al igual que Tomás, una de nuestras polaridades está valientemente dispuesta, mientras que la otra está preocupada, deshecha o desanimada. Jesús sabe que uno de nosotros está en problemas, pero como con su discípulo, él hace acto de presencia para traernos la solución.

5 El rollo

LA VOZ ME DIJO: «HIJO de hombre, come lo que te doy, ¡cómete este rollo! Luego ve y transmite el mensaje a los israelitas». Así que abrí la boca y él me dio a comer el rollo. «Llénate el estómago con esto», me dijo. Al comerlo, sentí un sabor tan dulce como la miel.

(Ezequiel 3:1-3)
Ministerios Globales | Lima | Perú

Si hay un personaje bíblico por demás interesante, es el que nos ocupa en esta ocasión: Ezequiel. En este hombre radica una complejidad sin igual, una combinación muy rara. Como líder religioso, cumplía con dos funciones fundamentales nunca antes integradas en una misma persona: las de un sacerdote y las de un profeta.

En Israel, el sacerdote era representativo de lo tradicional, trayendo consigo la semblanza de la historicidad de un pueblo que creía haber sido establecido, cuidado y rescatado por Dios. Por su lado, el profeta representaba la rebeldía e insubordinación, la que en muchas ocasiones arremetían en contra del estatus quo insolente de un gobierno que se había desviado y alejado de Dios.

El sacerdote guiaba al pueblo hacia lo litúrgico, lo cultural y la adoración, e intentaba conducirle en dirección de una relación más íntima con Dios intercediendo como el abogado espiritual de su pueblo. El profeta ofrecía la algarabía, el alboroto sacro y el estruendo de una comunidad que creía existir en una relación íntima con Dios.

Hay una amplia diversidad de preguntas que continúan retando a los eruditos interesados en este personaje: ¿Dónde ejerció Ezequiel sus funciones: en Babilonia o Palestina, o en Babilonia y Palestina? ¿Cuándo ministró: en el siglo V después de Nehemías, o en el siglo VII durante el reinado de Manasés? El libro de Ezequiel es tan complejo que San Jerónimo decía que no era permitida su lectura a los hombres menores de 30 años. De igual manera, los rabinos no permitían la lectura del primer capítulo del libro de Ezequiel.

Ezequiel fue sacerdote en el 598 A.C., a finales del siglo VI, cuando las fuerzas de Nabucodonosor lo llevaron como prisionero político a Babilonia. Ezequiel se ubicó a las orillas del río Quebar-Tel Aviv, e inició sus labores ministeriales en un momento histórico: cuando la comunidad judía había sido sacudida por una crisis nacional que incluía la destrucción de la ciudad sagrada, Jerusalén, y del Templo. Fue en medio de esta catástrofe que surgieron los versos contenidos en el Salmo 137: "Junto a los ríos de Babilonia, nos sentamos y lloramos al pensar en Jerusalén". Allí estaban los judíos, viviendo la humillación del destierro, mirando a los ríos de Babilonia con la esperanza de algún día regresar a su tierra natal. Así también encontramos a hispanos en Miami o en Nueva York frente a los grandes lagos en el medio oeste de los Estados Unidos o frente al Río Hudson, cada uno de ellos soñando con el día en el que puedan regresar al arroz con gandules de Puerto Rico, a la ropa vieja de la Habana, a los tacos al pastor de México, al pollo campero de Guatemala, a las arepas de Venezuela, a las pupusas del Salvador, o al caucau de Perú.

Hay dos imágenes que hacen del libro de Ezequiel un volumen sumamente interesante: el valle de los huesos secos y el cuadro de las aguas salutíferas. En medio de estas dos porciones escriturales surge el contundente llamado para Ezequiel.

Tendemos a asociar los llamados de los personajes bíblicos como Ezequiel con eventos espectaculares y significativos. Por ejemplo, cuando Moisés recibe su llamado, escucha una voz a través de una zarza que ardía y no se consumía. En el caso de Isaías, su llamado surgió en medio del templo, en donde tuvo una visión de ángeles y serafines. Pero ese no fue el caso con Ezequiel. Él fue llamado de una manera insólita y única: "Come este rollo y ve y habla a la casa de Israel" (Ezequiel 3:1).

En muchas ocasiones, los libros han servido para transformar la historia. Cuando se encontró el libro de Josías, asociado con una de las versiones iniciales del Deuteronomio, se desató la extensa reforma social y religiosa del rey Josías que invitaba a la adoración de un solo dios, Yahweh (2 Reyes 22:3-10). Cuando Martín Lutero escribió su tesis y posteriormente el libro de la Nobleza Cristiana surgió una revolución teológica. Cuando Charles Darwin publicó El Origen de las Especies comenzaron los debates científicos acerca de los orígenes de la especie humana. Karl Barth escribió el Comentario a los Romanos se redefinió la investigación exegética. Karl Marx produjo El Capital y los resultados se siguen sintiendo hasta el día de hoy. Un hispanoparlante que nos honra, don Miguel de Cervantes y Saavedra y su obra maestra Don Quijote de la Mancha, nos define como gente romántica y soñadora.

Un libro sirve para transformar una época. Pero aquí se le está pidiendo a un hombre no que escriba un libro, no que publique un libro, no que edite un libro, no que revise el manuscrito de un libro, a Ezequiel se le pide que se coma un libro.

Ahora, comer es un tema muy bíblico, desde el maná en el desierto hasta las bodas del cordero, comer es un tema que la Biblia reconoce. De hecho, el único milagro que es mencionado en los cuatro evangelios es el milagro de los panes y los peces. Pero aquí no se está hablando de panes y peces sino de un libro. ¿Y qué significa esto? Significa que deberemos apropiarnos del alimento espiritual con el mismo entusiasmo con el que nos apropiamos de los alimentos físicos. Significa que la palabra y la reflexión sostienen el espíritu como los alimentos sostienen al cuerpo.

Junto a la orden de comerse el libro, a Ezequiel se le entrega una instrucción: "Ve a los desterrados" (Ezequiel 3:11). Después de la orden y el mensaje, se define la sociología de su misión. Aquí observamos cómo, con cada llamado, se hace clara la intervención de una espiritualidad sana, pues sin ella no hay mensaje. Si el mensaje hace al espíritu histórico, el espíritu hace que el mensaje sea uno comprensible y aceptable.

Pero ante el llamado también es común que surjan las resistencias. Lo vemos en Moisés, quien resistió diciendo que era tartamudo. O Isaías, diciendo que tenía labios inmundos. O Jeremías, diciendo que era muy joven e inexperto. Ezequiel no es la excepción a esta tendencia, él también se resistió pero, al hacerlo, el espíritu lo arrebató y lo llevó a contemplar la miseria de su gente. ¿Y qué fue lo que observó? Vio a una nación ahogada en medio de una depresión colectiva. Vio una colección de esperanzas embalsamadas, se encontró con multitud de ilusiones decapitadas. Hombres y mujeres, náufragos de la historia, huérfanos de un porvenir. Ezequiel vio a sus paisanos sumergidos en un dolor agobiante y sin remedio.

El dolor es una experiencia que nos une como seres humanos. Es en medio de la solidaridad frente al dolor donde nuestro servicio y presencia llegan a ser imprescindibles. José Martí lo dijo claramente: "¡No son bellas las playas del exilio hasta que se les dice adiós!". Y es en medio del exilio de su gente donde a Ezequiel se le entrega un mensaje, con la particularidad de que, después de recibirlo, tuvo que llevarlo dentro por siete largos días sin poder hablarlo.

En silencio tuvo que mirar el dolor de los suyos sin poder decir absolutamente nada. ¿Por qué? Porque el peso del dolor era mayor que la fuerza del mensaje. ¿Acaso se ha vuelto loco Dios? Tiene al mensajero, a quien ya le entregó el mensaje y, a la hora de la verdad, el mensajero no puede decir nada. ¿Qué quiere decir esto? Lo que quiere decir es que no solo se comparte el mensaje que Dios nos da sino que lo debemos comunicar cuando él así lo indique. Esto establece que la totalidad de la misión de las iglesias es siempre Dios. Nos dice que el mensaje no es nuestro, ni por asomo, por lo tanto, no podemos monopolizar, condicionar, manipular o restringir el mensaje como si fuera nuestro.

Domingo Grasso, el gran orador peruano, hablaba acerca de la inflación de la palabra diciendo que "el ser humano se educa con palabras, se casa con palabras y se envenena con palabras". En la época moderna, como en la de Ezequiel, la iglesia debería hacer acto de presencia en medio de las crisis sociales. Primero, para comerse un libro y, solo después de haberlo ingerido, dedicarse a percibir y recibir los límites geográficos de su misión, de su trabajo. Sólo así podrá recibir el espíritu de solidaridad para hacer de su misión una función efectiva.

Permítame pasar del río Quebar al río Chaupiguaranga, en los Andes. Creo que ningún otro novelista podría ser comparado con Manuel Scorza, quien en cinco novelas inmejorables habla del dolor y la aflicción que sufría el indígena andino como resultado de los trabajos de las corporaciones en el Cerro de Pasco en Perú: Garabombo el invisible, El jinete insomne, La tumba del relámpago, El vals de los reptiles, Cantar de Agapito Robles.

En una de estas novelas cuenta lo que sucedió cuando el río Chaupiguaranga dejó de correr. Un día, un indígena notó que el río estaba vago, flojo, que no quería fluir. Tan crónico era el problema que eventualmente el río se detuvo en su totalidad. Cuando la comunidad escuchó acerca de tan monumental tragedia, todos se organizaron para sufrir en comunidad aquella significativa pérdida. Vinieron las plañideras del pueblo y comenzaron a llorar la desgracia. De repente, comenzaron a suceder cosas extrañas. Las lloronas levantaban los pañuelos y una de ellas tenía cara de sapo, otra cara de gato, la otra cara de gallo, otra de cui (conejillos de india). De repente, el tiempo se trastocó y los relojes comenzaron a enfermarse. Los relojes Longines y Ferrocarril se enfermaban, hedían y se morían. A cuatro hombres que se la pasaban metidos en prostíbulos se les enfermaron los relojes con enfermedades venéreas, y por miedo a que sus esposas se enteraran prefirieron echarlos en un balde de agua y ahogarlos. Días después de que el río se paralizara llegaron las lluvias, y como el agua no fluía, el rio se convirtió en un lago. Comenzaron a llegar los ricos con sus lanchas y yates e invadieron la comarca. Mientras tanto, el pueblo y sus aldeanos morían por el simple hecho de que las aguas del rio habían dejado de correr.

Esa es también la verdad retadora para cada uno de ustedes, representantes de las comunidades religiosas de su país. Si el agua de las buenas noticias dejara de correr de sus centros de adoración ustedes verían aparecer a los monstruos. Y al quitarse los pañuelos, verían a los vendedores de drogas controlando la vida de sus hijos y sociedad, a las pandillas reclutando a sus hijos o a la violencia robándole la paz a sus familias, al abuso sexual tratando de borrar la pureza y dignidad de sus víctimas, a la indiferencia deshidratando la vida de los matrimonios, a la dejadez degollando todo lo que es bueno y ético o al materialismo llenando de frialdad el corazón de la humanidad.

Si ustedes dejaran contaminar sus labores con la polaridad y tendencias hacia el juicio incontenible, notarían que el tiempo se confundiría y se enfermaría y las aldeas, barrios, ciudades y países terminarían pagando las consecuencias.

Desde mi punto de vista, el llamado a las iglesias es uno colectivo. Sus templos no han sido dispuestos para ser mausoleos religiosos. No debería existir una iglesia sin misión como tampoco una misión sin contacto humano, como tampoco existe el contacto humano sin la aceptación del reto que el reino de Dios nos hace diariamente.

El reto de Dios sigue siendo el mismo: atrevernos a salir. Salir y ver la situación en la que vive nuestra gente. Ante este reto debemos también examinar nuestras excusas predilectas. La de Moisés fue una excusa de habilidades, la de Isaías fue una de condición, y la de Jeremías, una de educación. O quizás como Ezequiel, prefiramos resistirnos.

De ser así intentemos el mismo antídoto, comer más del "rollo" y racionalizar menos su mensaje, aunque tal acción parezca tan absurda como cuando escuchamos que se le pidió a Ezequiel que se comiera el rollo.

6 La mujerzuela

UNO DE LOS FARISEOS INVITÓ a Jesús a cenar, así que Jesús fue a su casa y se sentó a comer. Cuando cierta mujer de mala vida que vivía en la ciudad se enteró de que Jesús estaba comiendo allí, llevó un hermoso frasco de alabastro lleno de un costoso perfume. Llorando, se arrodilló detrás de él a sus pies. Sus lágrimas cayeron sobre los pies de Jesús, y ella los secó con sus cabellos. No cesaba de besarle los pies y les ponía perfume. Cuando el fariseo que lo había invitado vio esto, dijo para sí: «Si este hombre fuera profeta, sabría qué tipo de mujer lo está tocando. ¡Es una pecadora!». Entonces Jesús respondió a los pensamientos del fariseo:

—Simón —le dijo—, tengo algo que decirte.

—Adelante, Maestro —respondió Simón.

Entonces Jesús le contó la siguiente historia:

—Un hombre prestó dinero a dos personas, quinientas piezas de plata a una y cincuenta piezas a la otra. Sin embargo, ninguna de las dos pudo devolver el dinero, así que el hombre perdonó amablemente a ambas y les canceló la deuda. ¿Quién crees que lo amó más?

Simón contestó:

—Supongo que la persona a quien le perdonó la deuda más grande.

—Correcto —dijo Jesús.

Luego se volvió a la mujer y le dijo a Simón:

—Mira a esta mujer que está arrodillada aquí. Cuando entré en tu casa, no me ofreciste agua para lavarme el polvo de los pies, pero ella los lavó con sus lágrimas y los secó con sus cabellos. Tú no me saludaste con un beso, pero ella, desde el momento en que entré, no ha dejado de besarme los pies. Tú no tuviste la cortesía de ungir mi cabeza con aceite de oliva, pero ella ha ungido mis pies con un perfume exquisito.

»Te digo que sus pecados —que son muchos— han sido perdonados, por eso ella me demostró tanto amor; pero una persona a quien se le perdona poco demuestra poco amor.

(Lucas 7:36-44)

P.R.O.T.E.S.T.A. | Madrid | España

Quiero comenzar confesando que, en muchos aspectos, soy un cristiano que vive en eterno conflicto. En mi alma cargo una tensión marcada entre lo que representa una relación y lo que es una religión. Para mí, la religión está encapsulada en las cosas que nos enseñaron en el catecismo, en la escuela bíblica, en escuelas de verano, junto con los conceptos y las expectativas que se tenían de nosotros. Irónico, porque la Biblia deja claro que lo importante es trascender los presupuestos religiosos para dedicarnos a establecer una relación con Dios, pues la religión sin relación no es nada más que un culto, cinismo y fundamentalismo. La religión sin relación lo único que produce son guerras, grupos como el KKK, terrorismo y aviones piloteados por personas que están dispuestas a estrellarse contra edificios en medio de una gran ciudad. La religión sin relación produce racismo, orgullo, materialismo, explotación y manipulación. La religión sin relación, ha matado más personas que cualquier otro conflicto bélico en el planeta.

Para serles franco, estoy cansado, harto de la religión. Lo mejor que podría pasar con ella es que explotara, que la destruyeran, la aniquilaran, la mutilaran, aunque tuvieran que comenzar conmigo.

La lucha que persiste en mí surge entre lo que me enseñaron y lo que me ha sido revelado a través de los años. Lo que quiero hacer es deshacerme de cualquier residuo religioso que pueda seguir en mí. Imagino que ustedes deben estar pensando que después de todos mis años en la iglesia, mis experiencias y educación teológica, yo debería ser capaz de dominar todo lo relacionado con la religión. Pero, "yo solo sé que no sé nada".

Por ello vivo en un continuo devenir, en un eterno desnudamiento de todo lo que la religión es. Mi esperanza es algún día dar muerte a todo lo religioso para, finalmente, ser libre. Como semilla quiero geminar, brotar y dar frutos, pues estoy totalmente convencido de que la religión no produce absolutamente nada.

Después de haber dicho esto, enfoquémonos en Jesús, quien llegó a la casa de Simón, un religioso de su época. Un fariseo, para ser más específicos.

El fariseísmo era un movimiento social y una escuela de pensamiento en Israel durante la época del judaísmo. Posteriormente, estas creencias llegaron a ser la base fundamental del contenido de la liturgia y el marco de los rituales del judaísmo rabínico.

Además de ser líder religioso, Simón tenía recursos económicos. ¿Cómo lo sabemos? Por la invitación que le hizo a Jesús y la cena que estaba dispuesto a proveerle. El religioso entendía muy bien los protocolos, sabía lo que era apropiado y lo que no lo era. La casa de este hombre estaba regida por las creencias de su dueño y por el tipo de actividades en las que él estaba involucrado. Pero, antes de criticarlo, primero aceptemos que la mayoría de los que estamos aquí nos hemos pasado la vida siendo religiosos. Sí, así como me oyen. Me refiero al bautismo, primera comunión, escuela bíblica o catecismo, bodas, funerales, entierros... Todos rodeados y definidos a través de la religiosidad.

Y, saben qué, no hay nada más peligroso que estar entre gente religiosa. Imponen reglas para las que creen no necesitar fundamento alguno. Tienen todo tipo de ideas y conceptos que ellos mismos, sin consultarlo con nadie más, han definido como apropiadas. Ponen cargas sobre otros que ellos mismos no pueden o no quieren cargar. A través de la historia hemos visto que las clases religiosas han estado dispuestas a matar a otras personas por razones triviales, solo para darse cuenta más tarde de que sus acciones e ideas no justificaban la eliminación de los que no estaban de acuerdo con ellos.

Se los repito, es un peligro ser religioso.

Aun en las áreas donde dicen contar con algún tipo de fundamento bíblico, no investigan, no escudriñan, no estudian ni se preguntan si sus interpretaciones del texto antiguo son la más apropiadas o no. Parece no importarles. De hecho, la mayor tendencia entre los religiosos es la de tomar decisiones e imponer reglas con base en lo que otros decidieron en el pasado, en las tradiciones, o por querer ser fieles a los presupuestos religiosos de sus antepasados. Muchos religiosos han estado dispuestos a matar el espíritu de las próximas generaciones sin darse la oportunidad de preguntarse si los antepasados podían estar equivocados. Los religiosos acérrimos tienden a serle más fieles a la historia y a las tradiciones que al valor de la dignidad humana o de una espiritualidad sana.

Seguro que Simón, el fariseo, podía invitar a Jesús a su casa pero, a pesar de su religiosidad, no supo qué hacer con el Maestro después de que él llegó a su casa. Quizás, Simón había sido tan bendecido que no tuvo tiempo para apreciar la presencia de un hombre tan humilde como Jesús. O quizás Simón había concluido que Jesús era quien tenía que honrarlo a él por el tiempo que había apartado para tenerlo en su casa.

¿De qué vale poder invitar a Jesús a nuestra casa si la religión que profesamos restringe que podamos disfrutar de su presencia?

Menciono esta posibilidad porque es una tendencia que persiste en nosotros, los seres humanos, muy especialmente en quienes hemos recibido una buena educación o los que creen haber escalado niveles religiosos superiores al resto de nosotros. En una audiencia de este tamaño, imagino que debe de haber personas aquí que creen ser tan importantes que piensan que el cielo debería estar a su servicio como recompensa por las dos horas que ocasionalmente dedican a sus actividades religiosas o espirituales. Y si, por casualidad, son un poco más devotos que otros feligreses, entonces creen que la divinidad debería sentirse comprometida con ellos por haberse tomado el tiempo para visitar la iglesia, santuario o templo de su preferencia.

En medio del egocentrismo y los delirios de grandeza de estas personas, se les olvida considerar quién o qué les permitió que abrieran los ojos esta mañana, o quién estuvo a cargo de mantenerles el ritmo cardiaco adecuado mientras estaban semicomatosos a lo largo de la noche. Ellos creen haber sido los que le recordaron a su cerebro enviar los estímulos necesarios para poder seguir respirando mientras estaban profundamente dormidos. Estos son los que hablan mucho pero hacen poco. Jesús les llamaba "sepulcros blanqueados", pues prefieren buscar a Dios cuando, donde, como y para lo que ellos quieran, pues en su mente están seguros de que no hay nadie más importante que ellos.

Les advertí que yo soy un cristiano en conflicto.

En medio de aquel ambiente religioso, se aparece (perdonen el término que voy a utilizar) una mujerzuela.

Primero hay que entender que los fariseos, el grupo religioso al que Simón pertenecía, se pasaban la vida prestando atención de hasta los más mínimos detalles de su práctica religiosa. En esto estaban incluidas un sin número de legalidades, leyes y restricciones. Los fariseos estaban fusionados al fundamentalismo de sus creencias. Eran sumamente moralistas. Se enorgullecían por dominar todas las ceremonias de sus prácticas religiosas: oraciones, meditaciones, dogmas y más. Solo veían a Dios a través de los lentes del legalismo.

Esto no me sorprende, aun hoy seguimos viendo a Dios como los fariseos lo hacían, a través de un fuerte sentido de compromiso, no con la divinidad sino con la religión. Su tesis era una fácil de entender: "Entre más guardes la ley de Moisés, más cerca estarás de Dios".

Además de moralistas, se sentían también puros y limpios. Se consideraban un grupo de personas "santas". Eran tan rígidos que había ciertas cosas que no tocaban, alimentos que no consumían, lugares que no visitaban, trabajos que no hacían, especialmente los sábados, día que guardaban comenzando desde el atardecer del viernes hasta la noche del siguiente día. En su compromiso por "guardar la ley", estos hombres eran tediosos y muy meticulosos. ¡Eran fariseos!

Así que era totalmente apropiado que si Jesús iba a ser visto con alguien, fuera en compañía de Simón, un religioso de muchos quilates, y no en compañía de una mujer como la que apareció en escena sin haber sido invitada.

Pero, hagamos una pausa, la historia parece indicar que esta mujerzuela ya estaba en casa de Simón antes de que Jesús llegara. ¿Qué hacía una mujer como esta en la casa de Simoncito, un hombre que, supuestamente, se distinguía por ser tan "santo y puro"? Alguien que me ayude a entender, por favor. ¿Cómo fue que ella entró a una casa donde se practicaban tantos legalismos? ¿De dónde salió? ¿Quién la había invitado? Y si ustedes están pensando que estoy insinuando algo descarado... Tienen toda la razón. ¿A qué había ido esta mujer a la casa de Simón? ¿A escuchar un sermón? ¡Imposible! Primero, los fariseos no interactuaban con mujeres, menos en privado, menos con una mujer pecadora como ella. Para Simón, aquella mujer no era tan justa como lo era él. Al escuchar cómo Simón se refiere a ella, podríamos concluir que, de acuerdo al religioso, la señora "ya tenía muchas millas recorridas, en terracería".

De acuerdo con el dueño de la casa, aquella señora tenía una reputación tan maltrecha y mutilada que todos sabían el tipo de mujer que era. ¿Cómo era posible que una persona de esa calaña, con sus tatuajes, peinado alocado y hasta con un brazalete en el tobillo, se hubiera atrevido a interrumpir el montaje sacrosanto que Simón había armado con tanto esmero para impresionar a Jesús? ¿Quién se creía ser?

¿Saben qué? A muchas personas les agrada la idea de donar dinero para las buenas causas y hasta para la evangelización y proselitismo en lugares tan remotos que ellas mismas no sabrían encontrarlos en un mapa. Para estas personas, dar dinero es algo aceptable, pero el que personas "indeseables" de su localidad se aparezcan en sus iglesias, ¡nunca! Estas son las personas que están más pendientes del edificio que de la gente que adora y mantiene el edificio. El político, el religioso, ambos manipuladores y materialistas, sin duda, pero, ¿personas con reputación o vidas fragmentadas que llegan con sus malos olores y malas costumbres a sus templos atentando en contra del ambiente exclusivo de su iglesia y prácticas denominacionales?, eso sí que no. Y este era el caso de Simón, pues no era que la señora no mereciera estar allí por razones de su reputación e indeseabilidad, ¡no merecía estar ahí por el simple hecho de que era MUJER!

Por favor, no pierdan de vista este detalle. La situación en contra de las mujeres era tan catastrófica en aquella época que ellas eran rara vez mencionadas en las genealogías de las familias. Las mujeres de aquella época no votaban, no podían tomar decisiones acerca de sí mismas o sus familias, no contaban con un rol social de importancia, no eran religiosa o espiritualmente significantes. Y fue una mujer la que tuvo la osadía de interrumpir el show del fariseo.

Sin importarle los comentarios o acciones de Simón, ella hizo acto de presencia. Aunque sabía que todo estaba en su contra, se arriesgó y humildemente se acercó a Jesús. A veces, es muy difícil acercarse a Dios, no porque la persona no quiera hacerlo sino porque los que dicen estar con Dios hacen casi imposible que otros puedan acercarse. Pero la mujer fue cuidadosa y se le acerco a Jesús por detrás.

Miren, en muchas ocasiones yo me he encontrado hablando, como los locos, a solas con Dios, confesándome. Le he dicho: "Señor, tú sabes que creo en ti y que te amo, pero son tus otros hijos a los que no soporto, es tu iglesia la que me saca de quicio".

En serio, ¿nunca han estado en una situación en la que quieren a alguien con todo su corazón pero no soportan a sus hijos?... ¿No? Ustedes saben de lo que hablo, no se hagan los que no entienden. Hablo de los hijos de un buen amigo, quienes son una tormenta y parecen disfrutar el interrumpir las conversaciones que ustedes están tratando de mantener, los mismos que, cuando menos se lo esperan, escriben con crayolas en las paredes recién pintadas de su casa. O los mismos que pasaron corriendo y tumbaron y rompieron la pieza de porcelana que su abuelita les regaló hace más de treinta años y ustedes se tienen que morder la lengua para no ser groseros. ¿Les ha pasado? ¿Han pensado alguna vez: "Si lo dejaran conmigo por un fin de semana, se los devolviera nuevecito, irreconocible"? Saben de lo que estoy hablando.

Simón era uno de esos que dan testimonio de ser hijos de Dios pero que, al tratar con ellos, son insoportables. Miren el cuadro y enfóquense en la mujer. Ella sabía que, de acuerdo con las costumbres de su época, no debía estar allí. Ella comprendía que, de acuerdo con los estándares del legalismo religioso de las escrituras judías, ella no debería estar en presencia de un maestro como Jesús. Ella entendía que, de acuerdo con la Ley de Moisés, ella no debería estar en medio de una reunión de hombres "santos". ¿Una mujer-zuela de reputación dudosa tocando a un rabí?

¿Recuerdan aquel ejercicio cognitivo que nos hacían en la escuela en el que nos mostraban diferentes figuras, como por ejemplo una sala en la que había un sofá, una butaca y un sillón y en la esquina había un burro, y nos pedían que identificáramos qué figura estaba fuera de lugar? ¿Qué era lo que no debía estar en esa sala? ¿Recuerdan?

Cuando miramos esta escena en la casa de Simón, ¿qué era lo que estaba fuera de lugar? No era Simón, él era un religioso, un fariseo. No era Jesús, él era un rabí, es decir, un maestro de la Torá (la ley). Sobre el papel tendríamos que circular a aquella mujerzuela, pues ella no tenía el derecho a estar allí. Y lo sabía. Ella sabía que no pertenecía a aquel contexto. Pero, aún así, hizo acto de presencia sin pensar en su reputación o las represalias que pudiera recibir por parte de los religiosos que formaban parte de aquella atmósfera tan inhóspita. Sus acciones hablan por sí solas.

La historia describe cómo sus lágrimas caían sobre los pies de Jesús. Por favor, note que ella no estaba buscando la atención de la mirada de Jesús, tampoco parecía estar en busca de un favor por parte de él. No intentaba reci-bir una caricia de las manos del Carpintero. No estaba en busca de un plan de bendiciones fáciles o de un método de progreso rápido al estilo de: "Cinco formas para obtener un carro"; o "Tres formas para salir de deudas"; o "Diez formas para encontrar marido". ¡No!

Los gestos de aquella humilde mujer indican que lo único que deseaba era adorar y honrar a Jesús. Ser parte de un momento espiritualmente íntimo con él. Ella deseaba que Jesús fuera parte de su entorno, aunque fuera por un momento, y en su intento de agradecimiento cayó rendida a los pies del Maestro, quien inmediatamente valoró el significado de las lagrimas con las que aquella mujer le estaba lavando los pies. Y allí, en medio de un ambiente conflictivo y denigrante para ella, comenzó a adorar al hombre que le había cautivado el alma.

Es muy fácil ser religioso cuando todos están de acuerdo con nosotros. Es fácil adorar a mi manera cuando nadie está retando mis acciones. Aun los que no saben cantar, cantan hermoso cuando toda la multitud está entonando el mismo canto. Es más difícil servir a Dios en medio del odio y la antipatía. Créanme, no hay que ser muy espirituales para saber y sentir cuando no somos bienvenidos, cuando alguien nos envidia o nos odia.

Después de haber lavado los pies de Jesús, aquella mujer hizo lo que solo una mujer de mala vida se hubiera atrevido a hacer: se soltó el cabello para con él secar los pies del visitante.

Simón, que observaba desde una esquina, expresaba su intolerancia religiosa en contra del comportamiento desplegado por aquella mujer.

En una actitud de prepotencia y cinismo, el religioso se tomó el atrevimiento de retar la integridad y discernimiento profético de Jesús: "Si este hombre fuera profeta, sabría qué tipo de mujer lo está tocando. ¡Es una pecadora!"

(Lucas 7:39). En medio de aquella crítica farisaica nos encontramos con un Jesús dócil y consciente de quién era la mujer que lo estaba honrando en público, mientras se mantenía muy poco impresionado con la piruetas religiosas de Simón.

Si algo podemos aprender de esta historia es que las personas religiosas que tienden a percibirse a sí mismos como "santos", no son buenos adoradores.

Mientras insistan en actuar como si Dios debiera estar agradecido por el tiempo y dedicación que ellos le ofrecen, podrán tomar todos los cursos religiosos que estén disponibles, podrán aprenderse las mejores alabanzas y canciones de adoración que existen y, aún así, nunca llegarán a ser verdaderos adoradores. Pero cuando estamos conscientes, como estaba aquella mujer, de los viajes de ida y vuelta que hemos dado a nuestros infiernos personales, cuando aceptamos que nuestras actitudes y acciones no han sido las mejores, o cuando contamos con la capacidad de aceptar que, basados en nuestro comportamiento anterior deberíamos estar en una cárcel, en un manicomio, muertos o exiliados, entonces encontraremos suficientes razones para asumir la actitud y posición que asumió la mujerzuela en la casa de Simón.

Escuchen cómo Jesús concluyó aquella visita:

"Mira a esta mujer que está arrodillada aquí. Cuando entré en tu casa, no me ofreciste agua para lavarme el polvo de los pies, pero ella los lavó con sus lágrimas y los secó con sus cabellos. Tú no me saludaste con un beso, pero ella, desde el momento en que entré, no ha dejado de besarme los pies. Tú no tuviste la cortesía de ungir mi cabeza con aceite de oliva, pero ella ha ungido mis pies con un perfume exquisito" (Lucas 7:44-46).

Esta historia nos enseña que no deberíamos dudar en amar profundamente. Es posible que tengamos miedo al dolor que pueda surgir cuando nos atrevemos a tomar el riesgo de hacerlo. Cuando somos rechazados, el asiento de nuestras emociones, el corazón, siente desmoronarse. Pero eso no debería impedir que amemos de manera tan profunda como lo hizo la mujer en la casa de Simón. Desde nuestra distancia cronológica podemos especular y concluir que fue la intensidad de sus acciones, actitudes y sentimientos lo que hizo de aquel momento una experiencia tan fructífera para Jesús y, por ende, para ella. La humildad es como un arado que rompe el suelo de nuestro ego para permitir que la semilla de nuestra humanidad eche raíces y se convierta en una planta fuerte. Cada vez que experimentas el dolor del rechazo, la ausencia o la muerte, te enfrentas a una elección. Puedes volverte amargado y decidir no volver a amar, o puedes mantenerte firme en tu dolor y dejar que la tierra en la que te encuentras se vuelva más rica y capaz de dar vida a nuevas semillas.

Personalmente, como lo revela mi lucha, a menudo no me "siento" como un hijo amado de Dios. Pero sé que esa es mi identidad más primitiva y sé que debo elegirla más allá de mis dudas.

Las emociones fuertes, el rechazo e incluso el odio a uno mismo, en ocasiones, parecen estar justificados, pero no es así. Nada justifica nuestra devaluación como seres humanos o posición ante los ojos de Dios. Somos libres de responder como lo deseemos. No es lo que otros o incluso ustedes piensen de sí mismos. No son lo que hacen ni lo que tienen. Ustedes son miembros en pleno derecho de la familia humana, concebidos y moldeados en el útero de sus madres. En los momentos en los que se sientan mal consigo mismos, traten de elegir mantenerse fieles a la verdad de quiénes son realmente. Mírense en el espejo cada día y reclamen su verdadera identidad. Actúen por delante de sus sentimientos y confíen en que algún día sus sentimientos coincidirán con sus convicciones. Elijan ahora y continúen eligiendo esta increíble verdad. Como práctica espiritual, reclamen su identidad primordial como amados hijas e hijos de un Creador personal.

Nos amó antes de que nos sintiéramos como merecedores de su amor...

7 La pareja dispareja

DESPUÉS DE CONTAR ESA HISTORIA, Jesús siguió rumbo a Jerusalén, caminando delante de sus discípulos. Al llegar a las ciudades de Betfagé y Betania, en el monte de los Olivos, mandó a dos discípulos que se adelantaran. «Vayan a la aldea que está allí —les dijo—. Al entrar, verán un burrito atado, que nadie ha montado jamás. Desátenlo y tráiganlo aquí. Si alguien les pregunta: "¿Por qué desatan al burrito?", simplemente digan: "El Señor lo necesita"».

Así que ellos fueron y encontraron el burrito tal como lo había dicho Jesús. Y, efectivamente, mientras lo desataban, los dueños les preguntaron:

—¿Por qué desatan ese burrito?

Y los discípulos simplemente contestaron:

—El Señor lo necesita.

(Lucas 19: 22-34)

IEUPR | Santa Isabel | Puerto Rico

En medio de un invierno crudo en la ciudad de Chicago, también conocida como la Ciudad de los Vientos, un caballero decidió darse una escapadita de aquel frigorífico urbano. Después de coordinar fechas con su esposa, decidieron vacacionar en las islas del Caribe por unas cuantas semanas. Ya que ella tenía responsabilidades previas, el señor saldría primero y la esposa se encontraría con él un par de días después. El día del viaje la señora le pidió a su marido que, por favor, tan pronto como llegara a su destino final le enviara, por lo menos, un correo electrónico haciéndole saber que todo había salido bien. Así que, al llegar a la habitación de hotel, el caballero sacó su computadora para enviarle un correo a su esposa.

Aunque pensó llamarla, prefirió no hacerlo pues sabía que la señora estaba sumamente ocupada cerrando el año de actividades en su oficina. Lamentablemente, al escribir la nota el caballero no logró recordar la dirección electrónica de su señora. Haciéndolo lo mejor que pudo, envió el correo según lo acordado. Como no estaba seguro de haber escrito la dirección correcta, no mencionó el nombre de su esposa ni el suyo en el correo.

El señor no se percató de que cambió el orden de dos letras en la dirección electrónica, lo que provocó que, en lugar de ser su esposa quien recibiera el mensaje, la recipiente fue una anciana cuyo esposo había fallecido un par de días antes. Después de leer el correo, la anciana pegó el grito en el cielo y se desplomó en la sala de su casa. Al escuchar el grito y el golpe, los vecinos trataron de ver qué sucedía, y al no recibir respuesta por parte de la anciana, llamaron a su hija, quien, al llegar, encontró el cuerpo sin vida de su progenitora.

El mensaje permanecía proyectado en la pantalla de la computadora de la señora y leía así:

"Amada mía, llegué bien a mi destino final. Aunque el viaje fue más largo de lo esperado no hubo inconvenientes serios en el camino, aparte de la turbulencia ocasional mientras me elevaba en el aire. Después de una larga espera procesaron mi información y localizaron mi nombre en la lista correspondiente. Yo que pensaba que llegaría al paraíso, me equivoqué, es mucho más divertido. Sin preguntarle nada a nadie me informaron que todo ya estaba listo para tu llegada mañana. Aunque solo llevamos horas de nuestra separación, créeme cuando te digo que me alegrará mucho volver a verte. Tu esposo."

El señor añadió una posdata: "Querida, quería comentarte algo adicional, prepárate para la sorpresa, verdaderamente esto es un infierno, más caliente e incómodo de lo que nos habían dicho".

Como se puede notar, la comunicación lo es todo. Por eso, al observar el ministerio y la labor de Jesús, deberíamos notar cómo ha sido mal interpretado por muchos, incluyendo sus discípulos. No estoy hablando de los curiosos que de vez en cuando se daban el tiempo de prestarle atención. Hablo de la gente que se la pasaba con él día y noche, quienes, a pesar de haber escuchado las expresiones repetitivas del Maestro, seguían actuando como si Jesús nunca les hubiera orientado acerca de su misión y su reino.

Jesús no era el típico parlanchín que hablaba sin sentido y sin saber cuándo debía detenerse. Si por algo se distinguió fue por su oratoria dinámica e innovadora. Nunca fue un interlocutor aburrido, rutinario o irrelevante. Nunca tuvo que recurrir al plagio, las mentiras o las manipulaciones prefabricadas. Por el contrario, sus mensajes y su acercamiento con la gente eran impredecibles. Su método comunicacional era refrescante, relevante y comprensible.

Para que mi punto sea más claro, los invito a que conozcamos la historia de Jesús en el momento en el que hizo su entrada a Jerusalén, mejor conocida como la "entrada triunfal". Con este evento se inició la cuenta regresiva de su última semana entre los suyos y, aunque parezca que esto fue un evento común y corriente, permítanme decirles que de común o corriente no tuvo nada.

Como en ocasiones anteriores, las intensiones y objetivos de Jesús fueron mal entendidos por las personas a su alrededor, pues creían que Jesús iba a llegar a la ciudad cabalgando en un "caballo de Troya" para luego derrocar y desalojar las fuerzas romanas invasoras del territorio israelita. Pero, independientemente de los malos entendidos, no se puede negar o esconder que su entrada a Jerusalén fue un evento apoteósico, excitante y único.

Con su llegada a Jerusalén, Jesús trajo consigo algo trascendental, una nueva dimensión. Si tomáramos en consideración lo que habían anunciado los profetas, no podríamos evitar concluir que en Jesús se observaba a Dios "hecho carne", quien, de manera intencional, había irrumpido y se había insertado en medio de aquella situación desesperante que estaba viviendo su pueblo.

Esa era una de las particularidades de Jesús, se especializaba en la producción de nuevas dimensiones en medio de una realidad que ya tenía olor añejo y que seguía siendo consumida por su gente. Por esa característica muchos pudieron concluir que Jesús era, sin duda, el Mesías que estaban esperando. Donde quiera que él llegaba, añadía, ampliaba, enriquecía. Jesús no veía a los seres humanos como criaturas producidas en masa, en serie. En su compañía, la gente descubría cosas desconocidas acerca de sí misma.

La ciudad de Jesús, Jerusalén, era un vórtice de contradicciones. Por tradición e historia, la ciudad era considerada como la más "santa" de todas las ciudades, sin embargo, era también la más pecadora. En ninguna otra ciudad apedreaban y mataban a los que se dedicaban a velar por su bienestar.

Aunque como ciudad Jerusalén había sido la cuna de grandes profetas, también se había convertido en la tumba prematura de muchos de ellos. Era una ciudad de piedades, pero en ella dominaba la hipocresía.

Jerusalén era la ciudad donde el cielo y el infierno parecían intersectar. No por los antros de perdición, sino por el tipo de actividades religiosas huecas, vacías y enclenques que definían su espiritualidad. Allí, César y Dios eran confundidos en la escala de valores de sus habitantes, quienes se sintieron cómodos al momento de condenar a muerte a un hombre tan humilde y vertical como Jesús y estuvieron dispuestos a liberar a un subversivo criminal como Barrabás.

Pero no se equivoquen, a Jesús nada lo tomaba por sorpresa. Cuando llegó a Jerusalén, él ya sabía lo que le esperaba y, aún así, siguió con sus planes. No desistió, tampoco reevaluó o pospuso lo que tenía que hacer. Él continuó con la misión de "buscar y salvar" a los que se habían perdido.

Al estar más cerca de la ciudad, Jesús le dio una orden a sus discípulos: "Vayan a la aldea que está allí —les dijo—. Al entrar, verán a un burrito atado que nadie ha montado jamás. Desátenlo y tráiganlo aquí. Si alguien les pregunta por qué desatan al burrito, simplemente digan: 'El Señor lo necesita'". Así fue que Jesús comenzó a coordinar los últimos días de su vida, expresando una necesidad: "El Señor lo necesita".

Qué distintas serían nuestras vidas e historias si las necesidades de Dios fueran las que determinaran nuestras decisiones y estrategias. Cuántos de nuestros talentos podrían estar teniendo un uso más amplio si tan solo los pusiéramos en las manos de Dios.

Pero nuestro problema hoy es que nos pasamos la vida embriagados por innumerables actividades y tradiciones que son usualmente definidas por una serie de prácticas huecas, sin contenido, sin pies ni cabeza, que carecen de una razón de ser, de una misión concreta. Como resultado, hemos llegado a ser expertos en el "condicionamiento de las masas". Gente que se conforma con escuchar las mismas pamplinas todas las semanas. Si fuéramos una industria (y hoy en día muchas iglesias y religiones se comportan como si lo fueran), ya hubiéramos quebrado. Nuestra oferta es inconsistente con el producto que prometemos. Hemos fracasado en la transformación que tanto anunciamos. Instituimos modificaciones conductuales solo para mantener ocupada a la gente, quien nota lo ineficiente de nuestros mensajes, pero no se atreve a decir nada por no "ofender a Dios". Todos los años es el año de la cosecha, de la bendición, todas las profecías son genéricas, triviales, ambiguas, así que, cuando a mitad de año no hay cosecha y las "profecías" no se han cumplido, nos inventamos cualquier barrabasada para justificar nuestra existencia. Y, aún así, Dios nos necesita.

Nos necesita para concretar su presencia en medio de nuestra destartalada historia humana. Nos necesita para poder hacer acto de presencia entre los nuestros. El que Dios nos necesite, como Jesús necesitó aquel burro, no disminuye el alcance de su soberanía o divinidad. La necesidad que tiene de nosotros presupone que estaremos dispuestos a servir.

El que Jesús haya sido tan específico en las instrucciones acerca del burro me entusiasma, pues, si él sabía dónde y cómo estaba aquel burro, él tiene que saber dónde y cómo me encuentro yo hoy. Si la situación de aquel pollino no pasó desapercibida delante de Jesús, entonces, estoy seguro que él está consciente de la situación en la que usted y yo nos encontramos hoy.

Las instrucciones de Jesús no incluyeron nada estrambótico. Un simple burro. No pidió un caballo árabe, famosos por su velocidad y elegancia, cabalgadura de generales y mercenarios. Tampoco un elefante, asiento común de príncipes y alta realeza. No pidió un camello, el medio de transporte preferido de los mercaderes sin escrúpulos. Pidió un burro, asiento de la gente humilde. Un simple burro.

Para muchos, el burro y el Maestro podrían ser considerados como la pareja dispareja: un animal ordinario como cabalgadura de un ser extraordinario. Pero aquel burro era un animal ideal para Jesús pues, al ser tan pequeño, ayudaría a destacar la figura del que iba montado en su lomo. Así que, para entrar a Jerusalén, Jesús estrenaría un burro que no era de él, y para salir airoso de un escenario inhóspito, lo haría a través de una tumba prestada que nunca antes había sido utilizada. En la primera escena doma a un animal, en la segunda domaría a la muerte.

Jesús, domador de rebeldías, enfermedades, odios y tristezas. Quizás eso es lo que deberíamos buscar a través de nuestras prácticas espirituales, no bendiciones y prosperidad, no escapar de este mundo sino domar la fuerza primitiva, animal, que nos lleva a insistir en hacer nuestra propia voluntad, y domar los comportamientos autodestructivos que aniquilan tantas oportunidades y relaciones. El secreto está en que, como el burrito, nos permitamos ser útiles. Sería ideal permitir que el ejemplo de Jesús estrene nuestros corazones mucho antes de que la vida se nos acabe o se nos arrugue el alma. Ponernos a su disposición antes de que nuestro cuerpo llegue a ser un cúmulo de músculos vencidos, huesos artríticos y coyunturas reumatizadas. Cuántos dolores nos evitaríamos, cuántos golpes nos economizaríamos, cuántas preguntas nos contestaríamos si pusiéramos nuestra vida al servicio de otros así como lo hizo Jesús.

A veces decidimos hacer esto después de que mil ideologías nos han invadido. A veces lo llegamos a pensar después de que mil vicios han contaminado nuestra existencia, después de que un sin número de fracasos nos han reducido el corazón.

Por eso el relato de la entrada a Jerusalén es uno que gira alrededor de la obediencia. Jesús ordena y los discípulos acatan. Pero no fue tan fácil como lo pinta la historia. Contextualicemos, ¿se imaginan ustedes llegar a un lugar que no conocen y adueñarse de un animal que no es suyo utilizando la excusa de que "el Señor lo necesita"? Se ha dicho que el dueño conocía a Jesús, o que era un centro de "alquiler de burros", pero esas son solo especulaciones, el texto no menciona ningún detalle, tan solo presenta a Jesús dando instrucciones y a sus discípulos obedeciendo. El texto tiene la intención de enfatizar el contenido de un espíritu de obediencia: la obediencia de Jesús, quien continúa con paso firme acercándose al clímax de su crucifixión; la obediencia de los discípulos, quienes hacen lo que Jesús les pidió que hicieran; y la obediencia del benefactor anónimo, el dueño del burro, quien tuvo a bien satisfacer la necesidad del Señor.

Qué diferentes son las instrucciones de Jesús a lo que nos han enseñado, ¿no? Teníamos entendido que somos nosotros quienes piden, demandan, esperan y pretenden y que sea Dios quien acceda, de manera incondicional, a todas nuestras necesidades y caprichos. De hecho, imagino que el simple hecho de que yo esté hablando de las necesidades de Jesús, debe estar haciendo que algunos de ustedes se sientan teológicamente incómodos. Pero no se preocupen, lo entiendo. Yo llevo suficientes años en estos menesteres como para entender que eso es lo que sucede cuando consideramos la posibilidad de que Dios nos necesita. Cuando escuchamos que alguien necesita de nosotros, usualmente evadimos la conversación, demoramos nuestras acciones, reducimos el alcance de nuestros recursos y, casi siempre, terminamos quejándonos de cómo está la situación para nosotros. Preferimos vivir el principio enseñado por Jesús pero a la inversa, pues aunque la Biblia enseña que "hay más bendición en dar que en recibir" (Hechos 20:35), nosotros hemos concluido que es mejor recibir que dar, y lo demostramos a través de la nueva cultura religiosa que hemos construido, la cual es definida por los templos gigantes, lujosos e impresionantes, a través de la adoración a la personalidad de los que controlan el nuevo fenómeno de las megaiglesias, utilizando mensajes licuados que defienden más la explotación que la bendición.

Pero miren, a ustedes que les gustan tanto las multitudes, observen lo que pasó cuando Jesús llegó a la ciudad.

Allí estaba reunida la megaiglesia de Jerusalén. Todos gritando, y entre los que gritaban se encontraban los que, por una razón u otra, eran admiradores de Jesús. Estos eran los que parecían haber mal interpretado el mensaje de la labor y el reino de Jesús. También estaban los que verdaderamente odiaban a Jesús. Éstos, al gritar, se burlaban tratando de ridiculizarlo sin entender la trascendencia de lo que allí estaba ocurriendo.

¿Y qué hizo Jesús al llegar a Jerusalén? ¿Recoger una ofrenda? ¿Pedir los diezmos? ¿Comenzar una campaña de construcción para un templo nuevo? Jesús se puso a llorar, quizás por la emoción. Yo me identifico con el estado emocional de Jesús cuando regreso a Puerto Rico, mi llegada es siempre causa de alegría para mí, pero cuando llega el momento de tener que despedirme de mi adorado terruñito de tierra, mi corazón siempre gime y mis ojos lamentan con lágrimas la inevitable separación. Pero el caso de Jesús es diferente al mío. Él lloró de entrada. En lugar de alegrarse por la oportunidad de realizar el sueño nacional de todo judío al poder visitar la Santa Ciudad para, junto con los suyos, participar de las fiestas más solemnes del calendario judío, él se puso a llorar. En su llanto, Jesús me regala la fragilidad de su humanidad. No todo lo que hago tiene que ser el producto de un acto mesiánico. No existe la necesidad de ser un superhombre que logra todo lo que quiere. En su nobleza y docilidad, Jesús muestra el rostro materno de Dios llorando por los suyos, lamentando su futuro. El lamento de Jesús deja ver, entre líneas, a uno que siente haber fracasado en su intento de salvar a los suyos:

"¡Cómo quisiera que hoy tú, entre todos los pueblos, entendieras el camino de la paz! Pero ahora es demasiado tarde, y la paz está oculta a tus ojos. No pasará mucho tiempo antes de que tus enemigos construyan murallas que te rodeen y te encierren por todos lados. Te aplastarán contra el suelo, y a tus hijos contigo. Tus enemigos no dejarán una sola piedra en su lugar, porque no reconociste cuando Dios te visitó" (Lucas 19:42-44).

Entre llantos y fiesta Jesús entró. Como embajador de Dios, llega a nosotros hoy a través de una historia que deja expuesta la totalidad de su humanidad. No hay dos entradas triunfales que sean iguales, pero en todas ellas se transforman quienes son capaces de recibirlo.

Eva Luna, personaje creado por la gran Isabel Allende, me recuerda a Jesús. Ella era una joven que se dedicaba a contar cuentos para, a través de ellos, sanar el espíritu enfermo de los que habían sido mutilados por los embates de la vida. Por donde quiera que iba ofrecía relatos de amor, palabras de esperanza, expectativas de vida, todo a un precio justo. Un día se encontró con un soldado que avanzaba hacia ella, era un hombre soberbio, delgado y duro como un sable. Este hombre, venía cansado, con un arma en el brazo, cubierto por el polvo de lugares distantes, y cuando se detuvo, Eva Luna notó un profundo olor a tristeza, así supo que estaba regresando de la guerra. La soledad y la violencia, le habían traspasado el alma con esquirlas de hierro, privándole hasta de la facultad de amar. "¿Eres tú la que cuenta cuentos?", preguntó el soldado. "No, soy la que regala verdades", respondió Eva Luna con un rostro adornado por la ternura de su mirada. El hombre sacó cinco monedas de oro y se las puso en la mano. "Entonces constrúyeme un pasado, porque el mío está lleno de sangre, lamentos y fracasos y ya no me sirve para seguir transitando por la vida. He estado en tantas batallas que en una de ellas se me perdió hasta el nombre de mis padres."

¿Qué hubiera hecho Jesús si se hubiera encontrado con el hombre que se encontró Eva Luna? Quizás, al ver las cinco monedas de oro, se le hubieran llenado los ojos de lagrimas al recordar al discípulo que con treinta intentó garantizarse un mañana más fructífero pero que terminó anidándose en los brazos de la muerte. ¿Cómo intentar comprar con monedas lo que está a nuestra disposición por gracia?

Jesús, hubiera visto la necesidad del hombre cansado y, sin aceptar un centavo, lo habría socorrido. Jesús hubiera notado que el hombre estaba a punto de derrumbarse, como se derrumban todos los que carecen de buenos recuerdos. Como se derrumbó él, en llanto, al aceptar la verdad de la ciudad que lo recibía sin, en realidad, permitirle entrar. Jesús, como Eva Luna, lo hubiera escuchado y se hubiera pasado toda la noche construyendo una mejor historia para aquel guerrero. Pero a diferencia de Eva Luna, creo que Jesús además de un nuevo pasado, también le hubiera regalado un nuevo mañana, porque así era él: siempre daba más de lo que pedían. Jesús navegába basándose en las necesidades y no en las preferencias de la gente.

Para Jesús, la llegada a Jerusalén fue una aparente derrota. Para mí, su viaje a la ciudad fue una victoria segura, pues me enseñó la diferencia entre que él llegue a mí y yo le permita entrar. Para Jesús, Jerusalén fue grillete, para mí, su grillete es mi redención. Para Jesús, Jerusalén fue el principio del final, para mí, es el fin de los principios y tendencias que me mantenían lejos de Él. Porque él llegó, ya yo no tengo que salir en busca de nada más.

8 De poetas y locos

TEN MISERICORDIA DE MÍ, OH Dios,
    debido a tu amor inagotable;
a causa de tu gran compasión,
    borra la mancha de mis pecados.
Lávame de la culpa hasta que quede limpio
    y purifícame de mis pecados.
Pues reconozco mis rebeliones;
    día y noche me persiguen.
Contra ti y solo contra ti he pecado;
    he hecho lo que es malo ante tus ojos.
Quedará demostrado que tienes razón en lo que dices
    y que tu juicio contra mí es justo.
Pues soy pecador de nacimiento,
    así es, desde el momento en que me concibió mi madre.

Pero tú deseas honradez desde el vientre
  y aun allí me enseñas sabiduría.
   Purifícame de mis pecados, y quedaré limpio;
  lávame, y quedaré más blanco que la nieve.
Devuélveme la alegría;
  deja que me goce
  ahora que me has quebrantado.
No sigas mirando mis pecados;
  quita la mancha de mi culpa.
Crea en mí, oh Dios, un corazón limpio
  y renueva un espíritu fiel dentro de mí.
No me expulses de tu presencia
  y no me quites tu Espíritu Santo.
   Restaura en mí la alegría de tu salvación
  y haz que esté dispuesto a obedecerte.
Entonces enseñaré a los rebeldes tus caminos,
  y ellos se volverán a ti.
Perdóname por derramar sangre, oh Dios que salva; entonces con alegría cantaré de tu perdón.
Desata mis labios, oh Señor,
  para que mi boca pueda alabarte.
   Tú no deseas sacrificios; de lo contrario, te ofrecería uno.
   Tampoco quieres una ofrenda quemada.
El sacrificio que sí deseas es un espíritu quebrantado; tú no rechazarás un corazón arrepentido y quebrantado, oh Dios.
Mira a Sión con tu favor y ayúdala;
  reconstruye las murallas de Jerusalén.

Entonces te agradarán los sacrificios ofrecidos con un espíritu correcto;
>   con ofrendas quemadas y ofrendas quemadas enteras.
>   Entonces volverán a sacrificarse toros sobre tu altar.
>   (Salmo 51).
>   Retiro de Hombres ABCUSA | Green Lake | WI

Me alegra estar con ustedes para compartir una semana en un lugar tan espectacular como este. Estar en medio de un bosque como Green Lake nos ayuda a ubicarnos en un entorno parecido al lugar donde encontramos al personaje que seguiremos a lo largo de la reflexión de hoy. No es común, por lo menos para mí, estar frente a una audiencia compuesta exclusivamente por hombres, como tampoco lo es el estar frente a un grupo de hombres que comparten cierta homogeneidad en asuntos religiosos o, por lo menos, denominacionales. Prometo que intentaré mostrar mi mejor comportamiento y utilizar un vocabulario que no sea tan florido como el que suelo utilizar. Sin embargo, espero que mi presentación sea sumamente ofensiva en todo lo que tenga que ver con los paradigmas masculinos que la mayor parte de ustedes ha venido arrastrando desde que eran pequeños. Espero ser lo suficientemente ofensivo en lo que respecta a la mala interpretación de lo que nos enseñaron acerca de la hombría, especialmente en relación con la espiritualidad masculina.

El personaje que nos ocupa hoy es un hombre muy popular entre personas como ustedes. ¿Quién no ha escuchado algo acerca de David? ¿Lo ven? David es muy conocido entre los grupos religiosos, especialmente en las iglesias protestantes, en las que se pone tanto énfasis en Israel.

La narración histórica utilizada por las iglesias para hablar de David se distingue por ser una muy higiénica. De vez en cuando nos hablan de los errores cometidos por este personaje, pero solo para regresarse pronto a hablar de sus canciones, salmos y arrepentimientos. Si tan solo pudieran hacer lo mismo conmigo... Pero David era rey, y junto con su realeza, históricamente distante, también importamos un tipo de prólogo que nos permite condicionar la opinión que la iglesia tiene de él y la manera en la que David es presentado, institucionalmente, al público que aún no lo conoce.

¿A qué me refiero? Hablo de que David nos ha sido presentado como un gran guerrero, un rey sin igual, no solo en lo que concierne a la historia de Israel sino también a la historia de la humanidad. Ha sido una figura tan admirada por su pueblo y otras naciones, que la nación de Israel lleva como símbolo nacional una bandera que lleva como escudo la "estrella de David".

Si ser reconocido como un héroe de guerra y cabeza del gobierno nacional no fuera suficiente, David es también distinguido como un gran músico, cantautor, poeta y amante apasionado. Como músico, lograba calmar los demonios que atormentaban a Saúl, primer rey de Israel. Entre las historias de sus romances se narra que su harén estuvo compuesto de por lo menos diez esposas, entre las que estaba incluida Betsabé, quien fue esposa de Urías hasta que David, después de haberla embarazado, se las ingenió para que mataran a su esposo en la guerra. Aparte de las diez esposas, tenía diez concubinas.

David ayudó a normalizar la idea de que un hombre puede llegar a ser un guerrero y líder inmisericorde, un loco despiadado y, a la vez, un romántico sin límites, capaz de construir castillos en el aire a fuerza de poesía.

Para sorpresa de muchos, la historia de este macho alfa también incluye una relación íntima con otro hombre, Jonatán, hijo de Saúl, su más acérrimo enemigo. La amistad entre David y Jonatán fue tal que, a través de los años, muchos se han atrevido a especular diciendo que David y Jonatán mantuvieron una relación homosexual. Menciono que han especulado porque el texto y la historia no lo niegan ni lo confirman. Lo que sí tenemos es una porción bíblica que parece indicar la intensidad y voltaje relacional que existió entre ellos. Fue David mismo quien cualificó cuánto significaba para él su amigo Jonatán: "¡Cómo lloro por ti, Jonatán, hermano mío! ¡Oh, cuánto te amaba! Tu amor por mí fue profundo, ¡más profundo que el amor de las mujeres!" (2 Samuel 1:26).

Siéntase en libertad de llegar a sus propias conclusiones.

Lo que sí podemos concluir, basándonos en la información que tenemos a la mano, es que estos dos amigos parecían haber mantenido un lazo amoroso entre ellos, es decir, lazos relacionales profundos. Atienda a esta descripción bíblica: "Después de que David terminó de hablar con Saúl, conoció a Jonatán, el hijo del rey. De inmediato se creó un vínculo entre ellos, pues Jonatán amó a David como a sí mismo" (1 Samuel 18:1). No hay duda, la relación entre David y Jonatán fue una significativa.

David era una cajita de monerías: guerrero, político, amante, poeta, cantautor, amigo, músico. ¿Sorprendidos, muchachos? No creo, pues todos los que estamos aquí sabemos que "de poetas y locos, todos tenemos un poco". Sin embargo, en el caso de David, cada una de estas caracterizaciones traía consigo un elemento extraordinario. Pero, como hombre y ser humano, David cargaba con el peso de sus polaridades al igual que todos los demás lo hacemos.

Genealógicamente hablando, David era el menor en una familia de ocho hijos. En el momento más importante de su vida, el padre ignoró su presencia y potencial. Muchos de ustedes ya conocen la historia: un profeta llegó a la casa de la familia de David y le hizo saber al padre que de su familia saldría el próximo rey de Israel. Después del viejo presentar a sus 7 hijos mayores, solo por la insistencia del profeta, el padre mandó a buscar a su hijo más pequeño, quien estaba en el monte cuidando a las ovejas. De repente, de manera inesperada, David se encontró frente al reconocimiento que su padre y su familia le habían negado. Allí se hizo pública una verdad que persiste hasta el día de hoy: en el niño, el profeta vio a un rey.

Esta temática persistió a lo largo de la vida de David: una historia ordinaria que intentaba navegar en medio de un océano de contraposiciones extraordinarias. Aunque era aclamado como un verdadero héroe nacional, David nunca logró deshacerse del todo de las impulsividades que, a su vez, avivaban celos, odios y envidias en muchos. Es en los momentos altos y bajos de David donde encontramos sus más pronunciadas deficiencias. Si nos detenemos por un momento a observar las circunstancias en las que creció y funcionó, encontraremos en ellas el otro lado de la moneda: al hombre deprimido, angustiado, nunca satisfecho con lo que tenía. ¿Suena familiar?

Laboralmente, David fue un hombre privilegiado y muy exitoso, por lo menos al inicio de su mandato. Durante su administración, el reino llegó a ser la monarquía unida de Israel, un gran logro. Puso en jaque a la mayoría de sus enemigos, la paz y la armonía por fin habían llegado a Israel. Pero, mientras su fama y reputación crecían, David no notó cómo las travesuras de su niño interior iban permeando en su diario vivir. Las regresiones comenzaron siendo tan insignificantes que él no les prestaba atención. Comenzó a dejar de ir a trabajar, después a ignorar sus responsabilidades reales como, por ejemplo, no acompañar a su ejercito durante la temporada de guerra. Se mantenía en el ocio sin ninguna razón que lo justificara. Pero tenemos que ser gentiles con él, ¿no? David trabajó desde muy pequeño, así que no estaba mal que comenzara a disfrutar de los beneficios de su trabajo. La verdad es que muchos de los que estamos aquí hemos pasado, estamos pasando o pasaremos por un momento similar. Gracias a Dios, en la mayoría de los casos, este tipo de etapas son temporales y no pasan a mayores. Pero esa no fue la realidad para David.

Su error fue permitir que sus tendencias infantiles tomaran el control de sus acciones y decisiones adultas. Fueron los susurros de una niñez que se vio falta de atención los que lo llevaron a dejarse seducir por toda la atención que ahora recibía, sin notar que no era él sino su posición, su oficina, lo que llevaba a la mayoría de las personas a tratarlo como lo hacían. Pero el niño en David, al notar todo el poder y la popularidad, pareció concluir que para él todo estaba permitido.

¿Y cuál fue su talón de Aquiles? ¡Las mujeres!

Las féminas no eran su perdición por el simple hecho de ser mujeres, de ninguna manera. Las mujeres eran su talón de Aquiles porque David hizo de ellas su analgésico favorito. Cuando estaba con una mujer, sus demonios internos parecían calmarse, al igual que se calmaban los de Saúl cuando él le tocaba el arpa.

No me miren como si no supieran de qué estoy hablando. Ustedes y yo sabemos que en cada uno de nosotros vive un niño travieso que es impulsado por la necesidad de que alguien lo reconozca por el rey que él realmente es. En el caso de David, fue un extraño el primero que vio en él lo que su padre biológico había sido incapaz de ver. En solo unos minutos el profeta hizo por David lo que su padre no había hecho en años. Fue un extraño, y no su padre, quien le ofreció la atención y el tiempo que tanto necesitaba.

¿Por qué menciono esto? Porque para poder entender las tendencias de David hacia las mujeres, sus calenturas y encuentros sexuales sin contenido, primero tendremos que ver y tratar de entender la ecuación relacional que David mantuvo con su viejo.

Asumamos por un momento que el padre de David no estuvo emocionalmente presente en la vida de su hijo, ¿quién entonces le enseñó a relacionarse con las mujeres, con otros hombres y consigo mismo? El hombre que crece sin la guía de un padre corre el peligro de ser continuamente controlado, a lo largo de su vida, por el remanente de sus necesidades infantiles. Y cuando es el niño el que está tomando las decisiones, lo primero que nos debería preocupar son los niveles de peligrosidad en los resultados de sus acciones.

Si es verdad que en cada niño hay un rey, y yo así lo creo, entonces tendremos que aceptar que es igualmente cierto que en cada rey hay un niño. En ese intercambio de perspectivas aprendemos a vivir como rehenes de una adultez inmadura, donde se originan las tendencias masculinas autodestructivas.

La Organización de las Naciones Unidas reporta que la tasa de suicidios entre hombres es más del doble que el número entre las mujeres. De acuerdo al reporte mundial del año pasado (1999), la tasa global de suicidios de mujeres fue de 4.3 muertes por cada 100,000 personas, mientras que para los hombres la cifra asciende a 11.9 por cada 100,000 personas. Estas cifras son escalofriantes.

Ahora, tomemos en consideración las cifras asociadas a los comportamientos autodestructivos o comportamientos riesgosos. Una gran cantidad de hombres acorta su expectativa de vida como consecuencia del consumo de alcohol y drogas. El sobrepeso es otro factor que nos fustiga. El exceso de trabajo, la falta de atención médica (porque no la buscamos), las aventuras de relaciones sexuales esporádicas y sin protección, las relaciones extramaritales, entre muchas otras.

David exhibía tendencias autodestructivas. Su comportamiento era riesgoso desde que era pequeño. Escuche lo que David le dice a Saúl antes de salir a pelear con el filisteo Goliat: "He estado cuidando las ovejas y las cabras de mi padre. Cuando un león o un oso roba un cordero del rebaño, yo lo persigo con un palo y rescato al cordero de su boca. Si el animal me ataca, lo tomo de la quijada y lo golpeo hasta matarlo. Lo he hecho con leones y con osos" (1 Samuel 17:34-36). Quítenle a la historia las exageraciones e ínfulas de superhombre y escucharán el contenido de carácter de un hombre tan comprometido con sus cuentos y proyecciones machistas que estaba dispuesto a hacer cualquier tontería arriesgando no solo su vida sino la de otras personas también.

Pero así era David, un arriesgado o, mejor dicho, un mujeriego arriesgado. Esta combinación de "cualidades" no era una que ofreciera muchas esperanzas de vida. Estoy seguro de que muchos aquí me escuchan hablar y en lugar de rechazar las actitudes de David prefieren celebrarlo. Si usted es uno de ellos, no se sienta mal. Después de todas las deficiencias de carácter, David es mejor conocido en el mundo bíblico como el hombre con "un corazón conforme al corazón de Dios" (1 Samuel 13:14).

No es mi interés querer ser chismoso pero, ¿qué hacemos entonces con la historia de Urías, miembro de las fuerzas armadas de David, a quien él mandó a matar después de seducir y embarazar a su esposa, Betsabé? No solo sedujo y eliminó, sino que antes de mandar al pobre hombre al frente de guerra, David mismo trató de manipular la situación para que se creyeran que el niño que cargaba Betsy era de su marido y no de él. ¿Me van a decir que este tipo de actitudes, manipulaciones y comportamientos son consistentes con el "corazón de Dios"? Are you freaking kidding me?

Este hombre-niño fue incapaz de mantener su propia casa operando de manera funcional. Y no me mal interpreten, por favor, sé que no hay tal cosa como padres o familias perfectas y totalmente funcionales. Pero David, el hombre "con el corazón de Dios", estaba "fuera de liga", como dicen en mi tierra natal. Su familia, hablando de la relación con sus esposas e hijos, fue un completo desastre.

Absalón, el tercer hijo de David, mató a su hermano mayor Amnón. ¿Sabe por qué? Porque Amnón había violado a la hermana de ambos, Tamar. ¿Y sabe lo que hizo David ante semejante tragedia familiar? Absolutamente nada. Prefirió dejar todo en silencio, todo tranquilo. Pero, como dijera el gran apóstol de la liberación cubana, José Martí: "Ver un crimen en silencio, es cometerlo". Y, en silencio, David permitió que la injusticia y la anarquía contaminaran a su familia hasta llegar a desfigurar la relación entre los tres hermanos. ¿Y este es el "hombre con el corazón de Dios"? Pero si su propio hijo, Absalón, se levantó en contra de él con la intensión de derrocarlo, y llegó a autoproclamarse rey de Israel. Fue entonces que David salió huyendo del palacio mientras Absalón le seguía el rastro para eliminarlo. Al final, Absalón fue asesinado por uno de los soldados del ejercito real. Después, dice la historia, David lloró a gritos por la muerte de su hijo. Al regresar a casa, David nombró a su hijo, Salomón, hijo de Betsabé, como su sucesor.

Para ser el "hombre con el corazón de Dios", David se comportó a lo largo de su historia de manera muy ordinaria, en ocasiones hasta inmoral, indisciplinada y criminal. Como padre fue un fracaso y su familia fue una de las más disfuncionales entre la realeza de su país.

A pesar de todo, la historia de David me anima. La disfuncionalidad exhibida por este hombre me entusiasma. Cuando lo miro, llego a la conclusión de que también yo puedo llegar a vivir como un hombre con el corazón de Dios. No estoy tratando de ser sarcástico, cínico o gracioso, estoy hablando en serio. Ustedes y yo, hombres ubicados en el siglo XX seguimos viviendo, a diario, las vicisitudes que afectaron a David. Pues "de poetas y locos, todos tenemos un poco".

Yo sé que muchos de ustedes tienen que mantener la imagen de ser hombres santos y muy espirituales y que no se atreverían a admitir las deficiencias de su carácter, mucho menos sus tendencias hacia la autodestrucción. Jamás se atreverían a hablar públicamente de las travesuras que los han llevado a actuar como David, tratando de manipular las situaciones para que nadie se diera cuenta de que entre usted y la "hermanita" hubo algo.

Yo sé, hermanos queridos, que para muchos de ustedes las apariencias son más importantes que la realidad. Pero permítanme decirles algo: basado en mi propia historia, se los garantizo, algún día los sabuesos del cielo saldrán en su búsqueda, los rastrearán sin importar dónde estén metidos y, como a David, los encontrarán con los pantalones en los tobillos (figurativa o literalmente). Como él, como yo, llegará un momento en el que ustedes tendrán que enfrentar las consecuencias de sus actos.

¿Por qué, entonces, no iniciar el inventario hoy para así dar inicio al trabajo que tengan que hacer con las tendencias que les están haciendo tanto daño?

No les estoy diciendo que levanten sus manos, que hagan oraciones, que le pidan perdón a Dios, nada de eso. Eso yo se lo dejo a otros que van a pasar por este podio durante los próximos días. No les estoy pidiendo que hagan promesas que ustedes y yo sabemos que no van a cumplir. Lo que les estoy invitando a hacer es comenzar a trabajar en un inventario histórico de ustedes mismos. Un ejercicio a través del cual intenten localizar al niño travieso que vive en ustedes y que sabemos les está arruinando la vida. Es la "introspección", decía Carl Jung, "la que nos da acceso a los asuntos inconclusos que hemos estado almacenando en el alma".

De qué vale proyectar la imagen de un hombre "santo" si al final del día seguimos queriendo avasallar todo lo que encontramos en el camino, solo para tratar de medicar nuestra débil y escasa autoestima. Hombres como David, junto con los santurrones y religiosos extremistas, sienten la necesidad de disminuir a los demás para poder creer que verdaderamente son grandes y poderosos. Es común que la violencia disfrazada quede impregnada en todo lo que este tipo de hombres hacen y en todos con quienes conviven. Son expertos en la intimidación, saben cómo coercionar con su actitud, manipular con sus palabras y sembrar vileza y paranoia en sus familias y sus alrededores. En las familias, trabajo e iglesias de estos hombres, las personas actúan como si fueran sus súbditos, pues solo así sienten que podrán sobrevivir.

Nadie se atreve a tomar riesgos relacionales con estos hombres, por lo tanto, la intimidad emocional con ellos no es nada más que un deseo congelado en la periferia relacional de todos los que comparten la vida con ellos. Estos hombres saben cómo ordenar y mandar, pero nunca aprendieron a ser inventivos. A su lado, sus familiares sienten que la vida se va extinguiendo, y como sus hijos no saben cómo ubicarlos en su panorama emocional, terminan imitando lo que más odian de ellos. Sus esposas son las únicas que tienden a venerarlos, pues es el precio que están dispuestas a pagar para mantener la paz en la relación, mientras que sus amistades solo los toleran. Sus empleados o feligreses se conforman con hacer mímicas de la obediencia sin contenido que estos hombres exigen pero, en realidad, no los respetan.

Veo a muchos de ustedes quebrantados, no es mi intensión ser cruel o catastrófico con lo que estoy diciendo, solo quiero ser realista. Porque esta es la verdadera historia de los hombres que como David se pasan la vida esquivando sus responsabilidades, prefiriendo nadar en un mar de posibilidades sin nunca llegar a puerto seguro para comprometerse con una persona, una causa o una profesión. En realidad, no logran ser hombres auténticos, son imberbes eternos, quienes desde muy temprano en sus vidas aprendieron a vestirse con un tipo de masculinidad impostada. Rechazan la tenacidad y prefieren lo teatral o lo que les brinde algún tipo de gratificación inmediata. Al llegar a la mediana edad sienten como si la vida se les estuviera escurriendo entre los dedos sin nada que ellos puedan hacer para detenerla.

Para terminar, los invito a mantener en mente que David no llegó a ser rey de la noche a la mañana. Él se vio obligado a recorrer a solas un camino repleto de peligros, intrigas, corajes y decepciones. No fue hasta el final de su vida que este loco poeta logró ubicarse en un lugar existencial en donde se sintió lo suficientemente cómodo como para ser clemente y compasivo consigo mismo. Libre de las presiones producidas por el mismo niño que estuvo a punto de destruirlo, David evitó esconderse detrás del esplendor de sus logros, su dinero, su apellido, sus fracasos o sus lamentaciones. Al fin pudo llorar abiertamente la pérdida de sus seres queridos y evaluar el alcance de los errores cometidos. De esta manera pudo permanecer firme, como lo refleja el texto que tomamos en consideración para esta plática: el Salmo 51.

Cuando es el rey el que está en control y no el niño, no tememos poner lo que sentimos sobre la mesa. Somos reyes y también somos niños pero, como adultos, podemos vivir por nosotros mismos haciéndole saber a las necesidades de nuestra niñez que sobrevivimos, que lo logramos, que estamos a salvo. Aunque lo sucedido influye en nosotros, no nos determina. Así podemos mantener nuestra propia identidad y vivir en armonía con quienes verdaderamente somos.

Niño o rey, tendremos que decidir quién controlará nuestras decisiones y comportamiento. Mantengan en mente que el rey crea orden dentro de sí mismo y no caos o autodestrucción. El rey no solo regula adecuadamente sus deseos, emociones y sentimientos, también lo hace con el reino al cual sirve. Su tarea más importante es mantener la paz y la seguridad de sí mismo y de los suyos. Con su presencia, palabras y atención, el rey infunde un sentimiento inamovible de seguridad y protección. Pero para llegar a ser rey, primero tendremos que reconciliarnos con todo lo que somos, incluyendo las partes más anarquistas y primitivas.

Cada uno de nosotros fue ungido como rey. Esto significa que no tenemos un concepto erróneo sobre nosotros mismos, en cada uno hay una dignidad inquebrantable que nos invita a seguir caminando hacia la salud y la libertad interior sin perder de vista al niño que un día fuimos.

9 ¿Juana quién?

POCO DESPUÉS, JESÚS COMENZÓ UN recorrido por las ciudades y aldeas cercanas, predicando y anunciando la Buena Noticia acerca del reino de Dios. Llevó consigo a sus doce discípulos, junto con algunas mujeres que habían sido sanadas de espíritus malignos y enfermedades. Entre ellas estaban María Magdalena, de quien él había expulsado siete demonios; Juana, la esposa de Chuza, administrador de Herodes; Susana; y muchas otras que contribuían con sus propios recursos al sostén de Jesús y sus discípulos.

(Lucas 8:1-3)

Escuela de los Oblatos | San Antonio | Texas

Agradezco la invitación a este encuentro homilético. El Dr. Virgilio Elizondo no solo ha sido un gran maestro para mí sino también un gran amigo. La primera vez que estuve con ustedes fue el año pasado, cuando nos reunimos en la Escuela de los Oblatos. Junto a un grupo de estudiantes y expertos en el área de la teología hispanoamericana, dedicamos dos semanas al estudio participando en seminarios que resultaron sumamente interesantes. Estar de regreso en San Antonio, esta vez para exponer un pensamiento bíblico y reflexión teológica ante ustedes, y en la presencia de un buen amigo y maestro, no solo es un privilegio, también es una experiencia intimidante para mí. Pero todo sea por el amor a la amistad y al convivio que esta reunión nos permite disfrutar.

Se me pidió que hablara acerca de algún personaje bíblico poco conocido. La labor asignada incluye presentarles a dicho personaje, su importancia y valor no solo escritural sino también para el ejercicio de la fe cristiana.

Me resultó interesante que mi encomienda viniera definida de esta manera porque, como ustedes saben, yo represento un origen teológicamente reflexivo que es mixto, un tanto híbrido. ¿Qué quiero decir con esto? Primero, que nunca he sido católico, por lo tanto, invitar a un protestante a hablar de un personaje poco conocido resulta una acción muy interesante ya que nadie me clarificó si este personaje bíblico debía ser poco conocido para nosotros los protestantes o para la comunidad católica. Así que, permítanme aclarar, les hablo desde una perspectiva protestante. Pero, y aquí entra el hibrido, es una perspectiva que se ha visto beneficiada por el insumo del pensamiento católico. No obstante, este insumo católico es uno de origen liberacionista. Veo el pensamiento católico como lo aprendí de Leonardo Boff, quien, en mi humilde opinión, es una de las mentes católicas más privilegiadas del mundo, y se distingue por ser unos de los padres y el mayor precursor de la Teología de la Liberación. Como si esto fuera poco, mi crianza se dio en medio de una comunidad religiosa caribeña, soy natural de Puerto Rico, donde crecí siendo parte de una iglesia pentecostal. ¿Por qué hago esa salvedad? Porque los pentecostales caribeños son muy particulares en su manera de ser y en su adoración, son "aleluyas de alto octanaje". El pentecostalismo caribeño trae consigo, de manera consciente o inconsciente, las elaboraciones de las religiones afroantillanas. La música, las contorciones del cuerpo, el hablar en lenguas "angelicales", la profecía, los testimonios de las sanaciones divinas, revelaciones exclusivas por parte de Dios y la hipervigilancia hacia lo escatológico o el fin del mundo, eran, por lo menos mientras yo crecía entre ellos, "el pan nuestro de cada día". Digo "ellos" porque la verdad es que nunca me sentí totalmente cómodo en medio de una comunidad teológicamente ultraconservadora. Nunca funcioné como un buen pentecostal ya que fui incapaz de satisfacer las expectativas del tipo de "santidad" que se esperaba de mí.

Mi "rebeldía" teológica en contra de las expectativas pentecostales me llevó a refugiarme en las Iglesias Bautistas Americanas, un grupo entre las iglesias conocidas como "denominaciones históricas". Este grupo en particular fue creado en el 1814 y se distinguía, no sé ahora, por ser uno de los grupos bautistas más liberales de los Estados Unidos.

Soy un hombre con trasfondo pentecostal que salió de su casa y fue influenciado por la religión católica al estudiar en una universidad jesuita y terminó refugiándose en las Iglesias Bautistas Americanas antes de ser parte de las comunidades de base de Brasil bajo el amparo de la Teología de la Liberación. Así que, como verán, mi reflexión del día de hoy no es representativa de una línea de pensamiento teológico endeble sino de una trayectoria que ha sido fortalecida, entiendo yo, por la diversidad de experiencias e influencias de pensamientos teológicos.

Fue precisamente el impulso creado por este tipo de diversidad teológica lo que me llevó a enfocarme en el personaje bíblico que deseo presentarles. Mi atracción hacia este personaje no se centra en lo contundente que es su influencia bíblica, lo público de sus intervenciones en el evangelio o la inmensidad de su carisma en el texto. Todo lo contrario. Al encontrarme con su nombre me paralicé, pues tuve que aceptar que no sabía absolutamente nada acerca de ella. Su nombre no me era familiar, a pesar de todos los años que había pasado familiarizándome con las historias bíblicas. Su nombre es Juana, la mujer de Chuza.

¿La recuerdan? Imaginé que no, Juana no es un personaje o nombre bíblicamente conocido. Sabemos que, tradicionalmente, Jesús se mantuvo rodeado por 12 discípulos, la mayoría de los cuales terminaron siendo sus apóstoles (ἀπόστολοι = enviados). Ellos estaban encargados de propagar o divulgar el mensaje central de la fe cristiana.

Tras bastidores y, en ocasiones, de manera mucho más protagónica, el círculo relacional más íntimo de Jesús también incluyó mujeres y entre ellas es que encontramos a Juana, la mujer de Chuza. Conocemos su nombre porque fue mencionada por Mateo y Lucas respectivamente (Mateo 27:55 y Lucas 8:3).

¿Qué sabemos acerca de ella? ¿Cuál fue su trayectoria en relación con el ministerio de Jesús?

El texto nos aclara el contexto familiar al cual perteneció esta mujer. Juana era "la esposa de Chuza, administrador de Herodes" (Lucas 8:3). Parece ser que el marido de Juana estaba a cargo de administrar los asuntos domésticos de Herodes Antipas, gobernador de Galilea y Perea durante el primer siglo. Por lo tanto, la posición laboral de Chuza parecía ser una de confianza. Aunque no contamos con suficiente información como para saber con exactitud quién fue Chuza más allá de lo que menciona el texto, podemos imaginar que el estar en una relación laboral significativa con Herodes traía consigo una serie de privilegios marginales junto con las expectativas que se tenían de aquellos que trabajaban para el gobierno romano.

Junto con María Magdalena y Susana, Juana fue parte del grupo de "ciertas mujeres que habían sido liberadas de espíritus malignos y enfermedades" (Lucas 8:1-3). Sin embargo, Lucas no especificó si Juana, en particular, estuvo poseída por un demonio o si sufrió algún tipo de discapacidad mental o física. Lo que sí es evidente en la historia es que Juana era parte de la clase alta de su época y que Jesús restauró su salud. De hecho, si prestamos atención a los detalles en el texto, notaremos que Lucas parece implicar que Juana era una de las acompañantes del Maestro que salían con anticipación a los lugares que Jesús y sus discípulos visitarían, con el propósito de organizar la recepción y afinar otros aspectos hospitalarios (Mateo 27:55).

Es siempre interesante notar cómo los comportamientos de Jesús parecían ir en "contra de la corriente" de lo que era lo tradicional en su época. Encontrar a Juana en una posición de liderazgo como en la que estaba iba en contra de lo que era enseñado por los rabinos judíos, quienes establecían que las mujeres no debían socializar con hombres que no fueran sus parientes, mucho menos, viajar con ellos. Se esperaba que los hombres judíos limitaran su comunicación con mujeres pues solo así podían garantizar el mantenimiento de su estatus social y pureza religiosa. Pero a Jesús eso parecía no importarle, para él eran tradiciones arrugadas que no añadían absolutamente nada a su calidad de vida. Así que Juana y las otras mujeres se sentían lo suficientemente cómodas al ser parte integral del grupo del Carpintero.

¿Qué implicaciones podía tener todo esto para Juana? Primero, se arriesgaba a la desaprobación social por asociarse con un hombre que no era nada de ella y con un grupo de hombres (los discípulos) que no contaba con ningún tipo de reconocimiento religioso. Por otro lado, las exigencias que estaban implícitas en el viajar con Jesús establecían que Juana, como todos los demás, tenía que estar lista para hacer ajustes a su vida cotidiana.

Sabemos, además, que Juana fue una mujer noble y dadivosa. Aunque Lucas no menciona explícitamente ningún tipo de función que Juana o las demás llevaran a cabo mientras eran parte del equipo de Jesús, sí menciona que todas ellas "ayudaban" al grupo con "sus bienes". Aparentemente, estas mujeres utilizaban su dinero, bienes o propiedades para ayudar a sostener las actividades de Jesús y sus compañeros.

El que las mujeres hayan ayudado a sostener los trabajos de Jesús y los doce no es algo que nos debería sorprender en este siglo que nos ha tocado vivir. Hasta el día de hoy, la religión organizada sigue beneficiándose de la entrega, dadivosidad y nobleza de millones de mujeres alrededor del mundo. Ellas siguen dispuestas a dar todo lo que tienen para sostener, con sus esfuerzos, voluntariado y contribuciones, las causas del evangelio. Estas son las mismas mujeres que, después de beneficiar la vida y existencia de la institución, son sigilosamente marginadas por la misma. Esto es absurdo. Nunca he podido entender, y estoy seguro de que nunca entenderé, esta postura eclesiástica. En mi tradición, son las mujeres las que siempre han llevado el mayor peso de las cargas doctrinales. De hecho, en la tradición más conservadora de las iglesias bautistas, no las conciben como pastoras de una congregación o como predicadoras solo por el hecho de ser mujeres. Eso sí, son muy bienvenidas cuando se disponen a ser fuente de producción de ingresos.

Si Jesús y sus discípulos no trabajaban secularmente, ¿cómo lograban sostenerse? Y no me venga con el cuento de que eran los beneficiarios de un tipo de "hospitalidad colectiva" dispuesta a recibirlos donde quiera que fueran. Jesús y los doce no contaban con la solvencia económica necesaria para pagar por los alimentos y demás gastos de un grupo de aproximadamente 20 personas. Aunque ocasionalmente eran beneficiados por el gesto hospitalario de alguien, eso no era lo más común. El que llevaran una "caja de dinero" con ellos sugiere que no esperaban ser hospedados y alimentados espontáneamente en los lugares a donde iban. Juan menciona que Jesús y los doce tenían su propia operación financiera (Juan 12:6; 13:28-29), así que, basados en lo que Lucas menciona y lo que Juan clarifica, podríamos deducir que Juana y las demás mujeres pudieron haber sido parte del grupo de benefactoras de las actividades de Jesús y sus discípulos.

Estamos seguros de que los seguidores de Jesús contribuían con lo que podían. Su séquito pudo haber incluido mujeres de dinero, como aparentemente era el caso de Juana. Por ser, o haber sido, esposa del mayordomo de Herodes, posiblemente Juana contaba con ciertos recursos económicos y conexiones que estaban a su disposición. Solo alguien como ella pudo haber proporcionado la costosa prenda sin costuras que Jesús usó. Ninguna esposa de pescador pudo haber proporcionado a Jesús una vestimenta que terminó siendo codiciada hasta por los soldados romanos, como lo menciona Juan 19:23-24.

Por último, Juana parece haber sido parte del grupo de mujeres que observaron con pavor la ejecución de Jesús, mujeres "que solían acompañarlo y servirle cuando estaba en Galilea, quienes habían venido con él a Jerusalén" (Marcos 15:41). Cuando el cuerpo de Jesús fue removido de la cruz para proceder con su entierro, "...las mujeres de Galilea iban detrás y vieron la tumba donde lo colocaron. Luego fueron a sus casas y prepararon especias y ungüentos para ungir el cuerpo de Jesús..." (Lucas 23:55-56). Lucas identificó a estas mujeres como "María Magdalena, Juana y María, la madre de Jacobo". Fueron ellas las que regresaron a la tumba después del sábado y se encontraron con las evidencias de la resurrección de Jesús (Lucas 24: 10).

Es muy posible que Juana hubiera estado con los discípulos, incluyendo la madre y los hermanos de Jesús, en Jerusalén durante la fiesta de Pentecostés (Hechos 1:12-14). Debido a sus conexiones con la corte, Juana pudo haber sido la fuente de la información privilegiada que Lucas menciona acerca de Herodes Antipas, jefe del marido de Juana. Quizás fue esa la razón por la cual Lucas se tomó el tiempo para mencionar a Juana en más de una ocasión en sus escritos: Lucas 8:3; 9:7-9; 23:8-12; 24:10.

Mi pregunta es esta: ¿Quién creen ustedes que estaba más loco, Don Quijote o Sancho Panza? No se rían... Bueno, sí, ríanse, acepto que mi pregunta parece ser un disparate descontextualizado, pero miren, para mí, Sancho estaba más loco que Don Quijote. Por lo menos Don Quijote estaba siendo impulsado por un compromiso, por un ideal, por la mujer que radicaba en sus sueños, mientras que Sancho se pasó la vida calculando, tratando de cambiar, de modificar el sentido misionero del otro. Y ese es el caso con Juana, más que cualquier otro discípulo, esta mujer mostró un profundo sentido de entrega, un compromiso inamovible con la persona y misión de Jesús. Nunca se detuvo a considerar los riesgos a los que se exponía sabiendo que el estar asociada con quien la clase religiosa ya había señalado como un subversivo, no ofrecía nada bueno para ella. Pero entendía que los fundamentos de su relación con Jesús estaban plantados, precisamente, en los riesgos que iba asumiendo mientras más se acercaba a él.

¿Cómo es posible que en todos mis años de estudios bíblicos y educación en las áreas de teología y psicología jamás me haya fijado en Juana? ¿Se deberá a que por años me dejé iluminar por la vida y trayectoria de María Magdalena, mujer descrita como hermosa, de presencia ineludible y carisma cautivante? ¿O habrá sido por lo distraído que he estado tratando de entender la experiencia de la niña María, quien a los 16 años le cambió la vida y posteriormente cambió la historia de la humanidad? ¿O será porque, como para los hombres del primer siglo, las acciones y presencia de Juana nunca fueron lo suficientemente importantes para mí, razón por la cual nunca había dedicado tiempo a tratar de saber quién fue en realidad?

Saben qué, no hay razón que justifique la ignorancia que he demostrado en relación con Juana. Ella, y no los discípulos, sirvió a Jesús de la mejor manera que pudo. Como un Quijote del primer siglo, Juana se lanzó a la búsqueda de Jesús y, al encontrarlo, no permitió que nadie detuviera su paso, independientemente de cuán gigantescos pudieran ser los obstáculos. Juana pareció haber disfrutado la dignidad del trato que le fue ofrecido mientras caminaba en compañía del Maestro, a quien no le importaba retar los protocolos operacionales de la clase rabínica de su época. Y cuando la mayoría de los discípulos huyeron, Juana se mantuvo disponible para servir a quien tanto había hecho por ella. Juana fue fiel, literalmente, hasta el final. Muchos hombres haríamos bien si imitáramos el arrojo espiritual de esta mujer.

Como es típico de los escritos, tanto antiguos como modernos, para encontrar la esencia de la historia de Juana tenemos que encontrar la manera de leer entre líneas, en nuestro caso, en la mención breve que Lucas nos ofrece acerca de Juana. Lucas parece querer presentar la imagen de una devota discípula de Jesús pero, para mí, la historia de Juana es mucho más que devoción. Para mí, representa un reto, un llamado a la consciencia. Juana nos ofrece las herramientas para comparar, de buena fe, la diferencia que hay entre seguir a Jesús e interpretar a Jesús. Cuando nos alejamos de los presupuestos prejuiciados que fueron concebidos en las catacumbas religiosas de nuestros antepasados y logramos deshacernos del bagaje que traen consigo muchas de las expectativas institucionales, entonces logramos respirar el aire existencial del cual disfrutó Juana, la mujer de Chuza.

Ella fue testigo leal en medio de una esfera inusual. Su esposo, "mayordomo" de Herodes, debió de haber sido un hombre no solo inteligente sino también capaz de ocupar puestos más prominentes que el que ya tenía. Es muy posible que Juana y Chuza estuvieran conscientes de las creencias de Herodes, muy especialmente cuando se vio forzado a enfrentar la popularidad que persistía alrededor de Jesús, hasta concluir que Jesús no era sino Juan el Bautista, quien había resucitado después de él haber ordenado que lo "decapitaran" (Mateo 14:1-2). Y como Juana era una seguidora tan pública de Jesús, posiblemente hablaba acerca de él con los demás empleados de Herodes. Cabe mencionar que, de acuerdo con la tradición, debido a la conversión de Juana al cristianismo y a sus continuos comentarios con los demás trabajadores de Herodes, Chuza terminó perdiendo su trabajo.

En medio de todo, lo que el texto deja claro es que Juana fue, sin duda, una generosa partidaria de Jesús. Quien agradeció haber sido sanada y reestablecida por él, y quien demostró, una vez tras otra, nunca olvidar cómo Jesús hizo posible la restauración de su salud física y el enfoque de una nueva vida.

Se dice que Cato, el filósofo, al final de su honrada vida le comentó a sus amigos que el mayor consuelo de su vejez era todo aquello que le brindaba "un gran sentido de satisfacción, y gratos recuerdos de los muchos beneficios y favores amistosos que recibió de los demás a lo largo de su vida". Hoy podemos darnos permiso para imaginar el estado de agradecimiento del corazón de Juana, el que pareció permanecer repleto de alegría aunque adornado de nostalgias cuando recordaba no solo cómo Jesús un día cambió su vida sino también todo lo que ella había hecho para servir al Caballero del Gólgota, quien tuvo tiempo para satisfacer las necesidades más recónditas de su alma y liberarla para siempre del anonimato. Gracias a Jesús, hoy sabemos quién fue Juana, la mujer de Chuza.

10 Dios también usa a los débiles

ORÓ CON MÁS FERVOR, Y estaba en tal agonía de espíritu que su sudor caía a tierra como grandes gotas de sangre.

(Lucas 22:44)

Iglesia de Dios, M.B. | Calabozo | Venezuela

Durante esta semana hemos observado lo que para el cristianismo es la Semana Mayor. En ella conmemoramos y recordamos una serie de dinámicas históricas que parecerían ser el resultado de una producción de Hollywood más que de eventos de la vida real. Es por esa razón que menciono la expresión "dinámicas históricas", pues los protagonistas de los eventos ya examinados fueron personas tan reales como lo somos ustedes y yo. Seguro que hay alegorías e hipérboles en la narrativa, pero los sujetos fueron reales.

En el centro de todos los personajes está Jesús: "El hijo de una campesina, un hombre que nació en un pueblo oscuro. Quien creció en un pueblo diferente a su lugar de nacimiento y quien trabajó en una carpintería hasta que tenía treinta años de edad. Luego, durante tres años, se dedicó a ser un predicador itinerante.

Que sepamos, nunca fue dueño de una casa. Nunca escribió un libro. Nunca ocupó una oficina. Nunca tuvo esposa o hijos. Nunca fue a la universidad. Nunca puso su pie dentro de una gran ciudad. Nunca viajó más de doscientas millas más allá del pueblo donde nació. Nunca hizo el tipo de cosas que generalmente asociamos con la grandeza. Nunca tuvo credenciales, solo se tenía así mismo.

Era todavía un hombre joven cuando la corriente de la opinión pública se tornó en su contra. Sus amigos huyeron y lo dejaron. Uno de ellos lo negó. Otro, lo entregó a sus enemigos. Pasó por la burla de un juicio. Fue clavado en una cruz y posicionado en su agonía entre dos ladrones. Mientras moría, sus verdugos apostaron por la única propiedad que tenía en la tierra: su ropa. Cuando estuvo muerto, fue puesto por lástima en una tumba que un amigo le prestó.

Diecinueve siglos después, Él es una pieza central de la historia de la raza humana y líder de una columna del progreso.

No estamos muy lejos al decir que todos los ejércitos que alguna vez marcharon, todas las armadas que alguna vez se construyeron; todos los parlamentos que alguna vez se sentaron y todos los reyes que alguna vez reinaron, juntos, no han afectado la vida de los seres humanos que comparten el planeta de una manera tan poderosa como lo hizo la vida solitaria de este hombre llamado Jesús".

Esta descripción es una adaptación del sermón predicado por el Dr. James Allan Francis.[1] En él, concluye que Jesús, más que ningún otro personaje histórico, ha afectado la manera como vivimos y compartimos el planeta. Simultáneamente, Francis ayuda a remover el tipo de romanticismo que, en ocasiones, no nos permite ver la humanidad del Jesús que tanto ha influido en la vida de más de dos billones de personas alrededor del mundo.

Hoy me gustaría enfocarme en la humanidad del Jesús histórico, del Jesús que nació, creció y murió siendo un ser humano. Este tipo de aproximación hermenéutica se mantiene un poco a distancia del Cristo que tendemos a promover durante una semana como esta, sin antes considerar cómo tal promoción nos lleva a devaluar el contenido y misterio del milagro: "Emmanuel, que significa 'Dios está con nosotros'" (Mateo 1:23).

Al hablar de la encarnación, articulamos las dificultades de asimilación que tenemos con el mensaje que nosotros mismos promovemos como uno de carácter trascendental.

---

[1] James Allan Francis, *The real Jesus and other sermons* (Philadelphia: Judson Press, 1926), 123-124.

Usualmente adornamos la trascendencia del mensaje utilizando un tipo de romanticismo que, hasta cierto grado, parece disminuir la humanidad de Jesús. ¿Cómo lo hacemos? A través de la insistencia de ver en Jesús la personificación del ágape (ἀγάπη), término greco-cristiano usualmente utilizado para hacer referencia a "la forma más elevada de amor: el amor de Dios por los seres humanos". Como condimento a este tipo de calificación, utilizamos adjetivos y comentarios secundarios que nos ayudan a confirmar el mensaje que deseamos comunicar, como si la encarnación de Jesús fuera el mejor de nuestros argumentos para probar una teología, en lugar de ver a Jesús como el mejor de los ejemplos para quienes, como él, vivimos en la totalidad de una humanidad efímera.

Cuando utilizamos la expresión de "el amor de Dios" (αγάπη του Θεού), lo hacemos con la intención de mostrar el aspecto imprudente de un Dios que, de necesitar hacerlo, ama en exceso y sin límites. Lo que inmediatamente nos lleva a ver a un Jesús a quien, aparentemente, no le importaban las consecuencias de sus acciones, que estaba dispuesto a sacrificarse al ser continuamente movido por un tipo de amor (ágape) casi infantil o ridículo. Sin considerarse a sí mismo, argumentamos nosotros, Jesús permitió que su cuerpo fuera flagelado, arruinado, sin nunca mostrar la más mínima expresión de egoísmo o autopreservación. El Jesús de nuestra preferencia dogmática nunca se preguntó cuánto ganaría o perdería en el ejercicio de sus acciones. Un Jesús que siempre estuvo dispuesto a exponerse a la ridiculez por mostrar un tipo de amor (ágape) que terminaría llevándolo a entregarse a la muerte en la cruz.

Pero esto no es todo, pues reforzamos la actitud sacrificial de Jesús viendo en él la personificación de un pastor que por amor a un individuo estuvo dispuesto a dejar a las otras "noventa y nueve ovejas" para salir en busca de una ovejita descarriada. Aunque para muchos este concepto pudiera ser considerado como una ecuación impráctica o una manera tonta de resolver un problema cotidiano, para las personas que practican la fe cristiana, es importante ver en Jesús a un Dios que da importancia exclusiva al individuo, sin considerar su propio bienestar.

Esa es la esencia del amor ágape.

El tipo de amor que vemos en Jesús no es uno precondicionado. El concepto del amor ágape es tan inmenso que para ver a Jesús en su esplendor tenemos que ver en él al hijo que fue enviado por su padre con la misión de morir de una manera horrible, clavado en una cruz. Y, aunque Jesús intercedió en busca de otras posibilidades, se hace claro que su padre no le proveyó con un "plan b". Así que la estrategia de Jesús, según la visión sacrificial de su historia, era insistir, entregarse por amor, una y otra vez. Parecía estar comprometido con ser imprudente en su gestión como chivo expiatorio, sin detenerse a ver si, a través de lo que estaba haciendo, lograría producir los "dividendos" necesarios. Parecía estar dispuesto a perdonar "70 veces 7", sin imaginar que en algún momento le pudieran destrozar el corazón. Este Jesús de historias bíblicas es presentado como el arquetipo de la salvación humana, abierto y dispuesto a permitir el acceso a todos los que estuvieran interesados en ser parte de los dominios del amor divino.

Y no olvidemos los aspectos personales del Jesús del nuevo testamento. En la vasta variedad de testimonios con la que contamos, encontramos muchísimas similitudes.

Para la mayoría de los seguidores y seguidoras de Jesús, el punto de encuentro tiende a ser el mismo: su amor nos encontró cuando más desgarrados estábamos. Para muchas personas, el reconocimiento de la labor expiatoria de Jesús cobró sentido cuando los resentimientos, dolores, asuntos inconclusos, inocencia infantil o impulsividades juveniles se estaban derramando como el agua. Otros se encontraron con Jesús cuando la artritis y la reuma ya comenzaba a dominar sus cuerpos o cuando el ocaso de sus días ya traía consigo un final inevitable. Pero independientemente de la experiencia con este Jesús bíblico, todos estamos de acuerdo en que él, y no nosotros, fue quien tomó la iniciativa para amarnos, redimirnos y usarnos en la expansión de su reino de amor y aceptación. No ganamos su amor. No merecíamos su misericordia. Pero gracias al amor abrumador, interminable e incondicional de Jesús, nuestras vidas han sido favorablemente transformadas.

¡Sí! Aplaudan fuerte, esta es la versión más común que escuchamos a lo largo de nuestro peregrinaje religioso. Esta es la versión de Jesús que atesoramos, que nos motiva, que nos impulsa a seguir hacia delante y a solidificar nuestra fe. Pero, si ustedes me lo permiten, me gustaría sugerirles que esta versión de Jesús no le hace justicia a su historia como tampoco a la semana que estamos observando juntos.

Si hay algo esperanzador en Jesús es el hecho de que la divinidad, Dios, o como usted quiera llamarle, también usa a los débiles. Y aunque todo lo que he descrito hasta ahora acerca de Jesús es consistente con la fe y teología judeocristiana, no me permite verme como una parte esencial de la "historia". De acuerdo con mis padres, la iglesia y demás antepasados, yo, usted, todos nosotros, somos parte central de la historia en la que Dios mismo se hizo carne para venir a "usarnos" y a "salvarnos" de nuestras propias debilidades. Y, aunque en el proceso de esta semana nos hemos encontrado con un Jesús debilucho, decepcionado, hambriento, frustrado y agonizante, la mayor parte de nosotros prefiere ver al Jesús mesiánico pues, con esta versión, él nos mantiene lejos y desconectados de nuestras propias luchas e insuficiencias.

Jesús anunciaba la voluntad de Dios fuera de los círculos de poder. En lugar de rodearse de las luminarias judías, romanas y griegas de su época, prefería convivir con el pobre, el rechazado y los que estaban privados de los derechos concedidos por las estructuras gubernamentales y religiosas. Este Jesús era un ente en medio de la historia. Un hombre de carne y hueso. Hijo, amigo, ciudadano, estudiante y maestro. Aunque en un momento dado trataron de intimidarlo con los prospectos de una crucifixión injusta, él intimidaba a los que se creían más santos que el resto cuando en realidad no eran nada más que "sepulcros blanqueados" (Mateo 23:27-28), bien acondicionados por fuera pero putrefactos por dentro. Ninguno pudo detener el paso del Jesús histórico, quien conocía no sólo los fundamentos de su religión sino también la jerarquía del imperio que subyugaba a su patria.

La debilidad de Jesús se hace notable desde el inicio de su historia, cuando fue concebido en medio de situaciones socialmente dudosas. No todos creían en la historia de María. Su novio, José, fue el primero que intentó salir corriendo de la situación, ¿qué hubiera sido de la historia de Jesús si al momento de su nacimiento no había un hombre a quien se pudiera identificar como su padre? Si la historia no se hubiera desarrollado como se desarrolló, hoy estaríamos hablando de una niña que murió apedreada por el hecho de haber dicho que el padre de su hijo era Dios.

En resumen, ese es el inicio de la historia de Jesús, hijo de José y María.

Fue al hijo de José y María a quien presentaron delante de Pilato. En su muerte, Jesús fue el "chivo expiatorio" de los religiosos desbocados, pero también fue el fiador de un mensaje nuevo y alentador. Aunque arrestado y maltratado, durante su ministerio, Jesús se comportó de manera combatiente al sentirse indignado por las opresiones y manipulaciones que habían sido fabricadas por las fuerzas de la religión organizada en su país (Marcos 3:1-6).

No podemos entender a Jesús como el salvador si antes no lo vemos como el amigo del pobre, protector de las viudas y huérfanos, maestro de todos los que se le acercaban, restaurador desinteresado y protector de las mujeres.

A Jesús hay que mirarlo como el hombre que fue. "Hijo de hombre" parecía ser su título preferido. Y como hombre, no dejó pasar oportunidad para ridiculizar a otros hombres, retar las trivialidades de identidades falsas, perturbar las decisiones traidoras, desenmascarar los rostros desfigurados. Esas eran algunas de las acciones más comunes de Jesús cuando interactuaba con otros hombres en posiciones de poder, fueran estas religiosas o gubernamentales. Jesús ridiculizaba a los hombres santurrones, a los líderes de las instituciones religiosas, quienes solían ostentar religiosidades y moralidades falsas, mismas que utilizaban para esconder sus travesuras.

Jesús era el punto de intersección entre el amor de Dios y la ira humana, entre el Creador y la creación, entre la luz y las tinieblas, entre el cielo y la tierra. Jesús era el segundo Adán (1 Corintios 15:45-47), la representación de una nueva oportunidad para la humanidad. En este Jesús histórico, tan humano como nosotros, nos encontramos con la imagen accesible de Dios. En Jesús nos encontramos con un hombre relajado que separaba tiempo para ir a bodas, fiestas y hasta para visitas sociales con los que consideraba como sus amigos, como por ejemplo Marta y María, al igual que con personas que habían sido definidas como "escoria" (Marcos 2:16).

Jesús pleno y libre, hombre auténtico, quien decía sin miedo lo que pensaba, quien se presentaba tal y como era sin nunca abandonar a nadie en medio de la indiferencia. Habían personas que lo rodeaban o se contagiaban de su esencia o confrontaban sus intensiones, pero nadie podía ignorarlo. No porque fuera el hijo de Dios, sino porque era Jesús, un maestro genuino y transparente.

Es por esto que les comento que solo enfatizar su divinidad nos llevaría inevitablemente a disminuir su humanidad. Mantengamos en mente que el Jesús histórico no fue salvador desde el inicio de su historia, sino que pasó por un largo proceso de crecimiento y desarrollo. En su escrito a Teófilo, Lucas menciona que Jesús crecía en "sabiduría y en estatura, y en el favor de Dios y de toda la gente" (Lucas 2:52). Note cómo Lucas integra lo histórico y lo divino, lo práctico con lo religioso. Al mencionar a Lucas no estamos hablando de alguien que escribía mientras observaba. Lucas escribió entre los años 63 y 68 después de Cristo. Lo menciono porque, como parte de su investigación, Lucas pudo haber enfatizado la divinidad de Jesús, pero no lo hizo. Lucas se enfocó en la totalidad de quién era Jesús.

Ver la experiencia de Jesús en el desierto como el cuadrilátero donde le ganó la batalla al diablo, dejaría a un lado la imagen del desierto como el catalítico en donde

Jesús decidió serle fiel a su humanidad mientras rechazaba los privilegios que le estaban garantizados por su divinidad. Es en el desierto donde se hizo más claro, para beneficio de todos los que estamos aquí, que Dios también usa a los débiles. A los mental, emocional o físicamente débiles les comento que, en el desierto, Jesús fue confrontado con la realidad de su humanidad, fue tentado, estuvo hambriento y vivió entre animales. Su situación fue una tan desesperante que Marcos incluyó una frase diciendo que "los ángeles cuidaban de él" (Marcos 1:12-13), como insinuando que Jesús no contaba con la capacidad de cuidar de sí mismo.

¿Han escuchado la frase que dice que las personas están "luchando contra sus propios demonios"? En el desierto Jesús luchó contra los suyos, pero en lugar de confrontarlos con pavor, mientras recriminaba su estado y situación, nos encontramos con un Jesús libre y sin miedo que entra en conversación con sus tentaciones. Tampoco vemos a un Jesús que sale corriendo despavorido de una experiencia que trasciende sus capacidades inmediatas. ¡No! Con quien nos encontramos es con un Jesús que no necesita escapar, un Jesús listo para reconciliar su humanidad primitiva con su espiritualidad trascendental. En el desierto vemos por primera vez cómo se integran la naturaleza humana con la divinidad en Jesús.

El desierto se refiere al lugar donde ustedes y yo vivimos nuestras más cruentas experiencias de abandono y debilidad, y donde también se da el más robusto de nuestros crecimientos espirituales. Gracias a la humanidad de este Jesús débil y asediado, hoy es posible vivir en libertad y fortalecimiento la realidad de que cada uno de nosotros no somos nada más que "santos" pecadores.

¿Y cuál es la moraleja al considerar la humanidad de Jesús en medio de una semana en la que usualmente enfatizamos su divinidad? La lección es que, a través de su humanidad, Jesús me permite hacer paz con la mía. Mi humanidad seguirá siendo hasta el día que muera mi única residencia existencial.

La humanidad de Jesús nos hace saber que todo aquel que da más importancia a las normas, tradiciones, preceptos, doctrinas y denominaciones religiosas que a los seres humanos, terminará dañando el potencial de la humanidad que Dios mismo creo y compartió con nosotros. En la preservación y protección de su humanidad, Jesús llevó a cabo su misión, aun cuando al hacerlo retaba a los que pretendían controlarlo y redefinirlo. A Jesús, humanamente libre y espiritualmente fiel, le importaba más la gente que las normas religiosas, por eso, al participar de nuestra humanidad, supo repudiar las actividades y expectativas que eran religiosamente viciosas.

Al mirar a Jesús como el siervo débil, intranquilo, angustiado, hambriento en el desierto, tenso en Getsemaní, angustiado frente a Jerusalén y abandonado en la cruz, nos encontramos con el hombre que lucha por la vida. También nos encontramos con el maestro que toma una postura firme mientras devela, a través de sus acciones y palabras, las falsedades escondidas en los espejismos religiosos. Iluminando con su ejemplo, encontramos en Jesús al pastor que nos guía al encuentro con nuestra verdad, verdad que en él renació más fuerte que nunca y con ramas repletas de esperanza.

La socialización de la misión de Jesús hombre fue una totalmente inclusiva. Aunque sacudía a los que observaban, ninguno se sintió con la autoridad de retar su tendencia inclusiva. Aunque se incomodaban con él, los discípulos nunca le preguntaron por qué hablaba con una mujer samaritana (Juan 4:27), por qué permitió que una mujer pecadora le lavara los pies (Lucas 3:7-8), o por qué mantenía una relación tan estrecha con Marta y María (Lucas 10:38-42).

Así que, en medio de las reflexiones de la "Semana Mayor", deberíamos escuchar, observar y ver al Jesús como el que nació en medio de nuestra historia para luego, con su amor y entrega, revolucionarla. Deberíamos considerar los pasos del Carpintero subversivo quien, al hablar de Dios, nos enseñaba que el camino al santuario espiritual y a las mansiones celestiales siempre tiene su inicio en nuestro cuerpo, en nosotros, en quienes somos, en nuestra historia y nuestra humanidad. Antes de lanzarnos de lleno para abrazar la victoria del resucitado, deberíamos considerar primero su sacrificio y lecciones para, en su compañía, aprender a abrazar nuestras propias debilidades. En lugar de tratar de despreciar la realidad de quienes verdaderamente somos, deberíamos ver cómo en Jesús desaparece lo falso, las apariencias simples y triviales que van produciendo en nosotros, los condicionamientos más crueles.

Jesús nos invita a refugiarnos en la genuinidad de nuestro ser, reconociendo, de una vez por todas, que Dios también usa a los débiles.

C.J. CORREA BERNIER, Ph.D.

El Dr. Correa Bernier es terapeuta familiar y de parejas, teólogo, escritor, orador, y personalidad pública. Como orador, ha presentado sus cátedras, conferencias y talleres en más de 40 países alrededor del mundo. Como colaborador de los medios masivos, sus escritos y opiniones han sido publicadas en Univisión y Radio Latina como en una serie de periódicos y revistas norteamericanas: The Metro Courier, The Metro Herald, The Roanoke Tribune, y Criterion, entre otros. Entre sus más recientes publicaciones se encuentran: Toward a Latin-American Psychology of Religion: Evolution, Tendencies and Perspectives (Chicago: The Kay Foundation Press, 2016) y, Hombres escurridizos: ¿Por qué huyen los hombres de las relaciones significativas? (San Diego: FYI Publications, 2019).

Para presentaciones o solicitudes de medios,
escriba a:
* contacto@conversemos.com *